BEI GRIN MACHT SICH IHR WISSEN BEZAHLT

AF138760

- Wir veröffentlichen Ihre Hausarbeit,
  Bachelor- und Masterarbeit

- Ihr eigenes eBook und Buch -
  weltweit in allen wichtigen Shops

- Verdienen Sie an jedem Verkauf

Jetzt bei www.GRIN.com hochladen und kostenlos publizieren

GRIN

Bibliografische Information der Deutschen Nationalbibliothek:

Die Deutsche Bibliothek verzeichnet diese Publikation in der Deutschen National-
bibliografie; detaillierte bibliografische Daten sind im Internet über http://dnb.d-
nb.de/ abrufbar.

Impressum:

Copyright © 2006 GRIN Verlag, Open Publishing GmbH
Druck und Bindung: Books on Demand GmbH, Norderstedt Germany
ISBN: 9783668335936

Dieses Buch bei GRIN:

http://www.grin.com/de/e-book/343542/empfindungen-vor-friedrichs-seelandschaft-
kunstkritische-texte-bei-kleist

Dinah Helal

Empfindungen vor Friedrichs Seelandschaft. Kunstkritische Texte bei Kleist, Brentano, Ramdohr

GRIN Verlag

GRIN - Your knowledge has value

Der GRIN Verlag publiziert seit 1998 wissenschaftliche Arbeiten von Studenten, Hochschullehrern und anderen Akademikern als eBook und gedrucktes Buch. Die Verlagswebsite www.grin.com ist die ideale Plattform zur Veröffentlichung von Hausarbeiten, Abschlussarbeiten, wissenschaftlichen Aufsätzen, Dissertationen und Fachbüchern.

Besuchen Sie uns im Internet:

http://www.grin.com/

http://www.facebook.com/grincom

http://www.twitter.com/grin_com

„Empfindungen vor Friedrichs Seelandschaft"

–

kunstkritische Texte bei Kleist, Brentano, Ramdohr

Schriftliche Hausarbeit

für die Magisterprüfung der Fakultät für Philologie

an der Ruhr-Universität Bochum

vorgelegt von

Dinah Helal

Inhalt

Vorwort

Die vorliegende Magisterarbeit ist 2006 geschrieben worden und ihre komplexe Auslegung hat bis heute interpretatorische Überraschungen zu bieten. Seitdem ist es zu neu veröffentlichten Erkenntnissen gekommen, auf die in dieser Arbeit auch schon hingewiesen worden ist. Peter Bexte hat in einem Aufsatz im *Kleist-Jahrbuch 2008/09* auf die Quelle der Formulierung der weggeschnittenen Augenlider aufmerksam gemacht, ohne eine Interpretation anzubieten Melanie Waldheim macht 2014 in *Kunstbeschreibungen in Ausstellungsräumen um 1800* auf einen Zusammenhang zwischen Ramdohr und Brentano aufmerksam, während Jost Hermand 2011 in *Politische Denkbilder* den patriotischen Gehalt des Gemäldes *Der Tetschener Altar* thematisiert.

Dennoch ist bisher keine Arbeit erschienen die einen ausführlichen Zusammenhang zwischen Ramdohr, Kleist und Brentano herstellt oder zur Erhellung des Konfliktes zwischen Kleist und Brentano beiträgt und die Konsequenzen für die Berliner Abendblätter beleuchtet.

Dinah Helal 2016

I. Einleitung

Am Samstag, dem 13. Oktober 1810, erscheint in einer Tageszeitung, den *Berliner Abendblätter*[n], eine kurze Rezension über ein Ölgemälde von Caspar David Friedrich unter dem Titel *Empfindungen vor Friedrichs Seelandschaft*. Der Aufsatz ist mit den Initialen „cb" gezeichnet und verweist auf den Autor Clemens Brentano. Noch am selben Abend kommt es zu einem Treffen zwischen Clemens Brentano, Achim von Arnim, der an dem Aufsatz mitgewirkt hat, und Heinrich von Kleist, Chefredakteur der *Berliner Abendblätter*, der für die Veröffentlichung verantwortlich ist. Thema dieser Begegnung ist die gedruckte Bildbesprechung. Der ursprünglich eingereichte Aufsatz von Brentano/Arnim war von Kleist verändert in den Druck gegeben worden. Er hatte nicht nur den Artikel erheblich gekürzt, sondern auch die Aussage entschieden geändert. Das Treffen der drei Autoren endet mit einem heftigen Streit. Am nächsten Morgen bittet Kleist Achim von Arnim brieflich um vermittelnde Versöhnung mit Clemens Brentano, die jedoch nicht zustande kommt. Stattdessen muß Kleist eine *Erklärung* in den *Berliner Abendblätter*[n] veröffentlichen, die auf die Verkürzung sowie den „Geist" und die „Verantwortlichkeit" des Artikels hinweist. Darüber hinaus beeinflußt diese Dichterkontroverse die Planung von Artikeln über die in Berlin stattfindende Kunstausstellung. Angekündigte gattungskonzentrierte Besprechungen finden nach der Auseinandersetzung nicht mehr statt.

Erst am 28. Januar 1826 wird das Original von Brentano und Arnim in der *Iris. Unterhaltungsblatt für Freunde des Schönen und Nützlichen* veröffentlicht und findet in dieser Form Einzug in die Brentano Gesamtausgaben.[1] Eine erhaltene Originalhandschrift weist jedoch Abweichungen von der Publikation in der *Iris* auf.

Seit der Veröffentlichung des Buches *Heinrich von Kleists Berliner Kämpfe* von Reinhold Steig 1901 ist der Aufsatz von Kleist bis in unsere heutige Zeit zum Gegenstand zahlreicher wissenschaftlicher Auslegungen geworden. Reinhold Steig las den Aufsatz als eine positive Besprechung des Bildes.[2] Helmut Sembdner äußerte sich 1939 gegenteilig und interpretierte den Aufsatz als einen Verriß des Gemäldes.[3] Nachdem der Diskurs über eine positive oder negative Besprechung im Lauf der Jahre größtenteils abgehakt war, fokussierte sich die Auseinandersetzung auf Interpretationen einzelner Formulierungen, besonders der Phrase „als ob einem die Augenlider weggeschnitten wären". Seit den Neunziger Jahren des letzten Jahrhunderts wurde in dem Aufsatz ein philosophischer Hintergrund aufgezeigt. Die in der

---

[1] Gesammelten Schriften Brentanos. Hg.: Christian Brentano. Bd. IV, 1852, S. 424-429. Und Clemens Brentano: Werke. Hg.: Friedhelm Kemp. Bd. 2, München 1963, S. 1034-1038.

[2] Vgl. Steig, Reinhold: Heinrich von Kleists Berliner Kämpfe. Berlin 1901, S. 262-268.

[3] Vgl. Sembdner, Helmut: Die Berliner Abendblätter Heinrich von Kleists, ihre Quellen und ihre Redaktion. Inaugural=Dissertation. Berlin 1939, S. 184.

Bildbesprechung wiederholten Formulierungen von „Anspruch" und „Abbruch" führten zu Kant und der Theorie des Erhabenen,[4] bei paralleler bzw. eigenständiger Analyse des Aufsatzes vor der Folie des Panoramabildes.[5]

Literaturwissenschaftlern, die sich mit einem Vergleich der Kleist Version und der Brentano/Arnim Version aus der *Iris* beschäftigt haben, sind immer wieder Verwechslungen und Nachlässigkeiten unterlaufen. Das ist einerseits verständlich, da die sprachlichen Unterschiede im fast identischen Textanteil der Einleitung geringfügig erscheinen, wobei sie aber eine gravierend unterschiedliche Beurteilung erzeugen. Noch schwieriger gestaltet sich ein Vergleich, zieht man eine zweite handschriftliche Textversion von Brentano/Arnim hinzu, die ihrerseits wieder nuanciert von der Zeitschriftenveröffentlichung abweicht.

Leider sind nicht nur Christian Begemann, der diese „Willkürlichkeit" und „philologische Nonchalance"[6] im Umgang mit den verschiedenen Texten zu Recht scharf und ausführlich kritisiert, unkorrekte Zuschreibungen, sondern auch dem Kunsthistoriker Werner Busch signifikante Verwechslungen unterlaufen.[7] Das ist umso bedauerlicher, da noch Sibylle Peters, 2003, u.a. auf die Analyse von Begemann verweist, und damit nicht nur den Fehler weiterreicht, sondern die Notwendigkeit erzwingt, Zitate zu kontrollieren.

In den Hintergrund der Beschäftigung mit den Texten der beiden Autorfraktionen ist das ursprüngliche Publikationsorgan geraten, das den zwei Parteien eine gemeinsame Basis verschafft. Beide Seiten haben ihre Stellungnahme für eine Tageszeitung verfaßt, die nach Kleist der

---

[4] Die nach Kant philosophisch fundierte Interpretation erfolgte u. a. durch: Zeeb, Ekkehard: Die Unlesbarkeit der Welt und die Lesbarkeit der Texte. Ausschreitungen des Rahmens der Literatur in den Schriften Heinrich von Kleists. Würzburg 1995, S. 26 ff.; Greiner, Bernhard: Kleists Dramen und Erzählungen. Experimente zum „Fall" der Kunst. Tübingen 2000, S. 24. ff., Peters, Sibylle: Heinrich von Kleist und der Gebrauch der Zeit. Von der Machart der Berliner Abendblätter. Würzburg 2003, S. 68-89.

[5] Müller, Gernot: Man müßte auf dem Gemälde selbst stehen. Kleist und die bildende Kunst. Tübingen 1995, S. 210 ff. Dekonstruktivistische Arbeiten sind zum Verständnis dieser Untersuchung nicht eingeflossen. Dazu Brors, Claudia. Anspruch und Abbruch. Untersuchungen zu Heinrich von Kleists Ästhetik des Rätselhaften. Würzburg 2002, S. 23 schreibt: „Immer wieder gewinnt man bei der Lektüre dekonstruktivistischer Arbeiten den Eindruck, daß hier weit eher der Text zur Illustration einer Methode benutzt wird, als daß diese bereit wäre, sich in den Dienst seines Verständnisses zu stellen."

[6] Begemann, Christian: Brentano und Kleist vor Friedrichs Mönch am Meer. Aspekte eines Umbruchs in der Geschichte der Wahrnehmung. In: Deutsche Vierteljahrsschrift für Literaturwissenschaft und Geistesgeschichte. Hg.: Richard Brinkmann, Gerhart von Graevenitz, u.a. Bd. 64. Stuttgart 1990, S. 56.

[7] Ebd., S. 57, unter Fußnote 6. schreibt Begemann zur Unterscheidung zwischen der Iris-Version und der Handschrift Brentanos: „Diese Wiedergabe, die – bis auf zwei minimale Abweichungen – im Wortlaut mit dem Iris-Druck identisch ist, jedoch in Interpunktion, Orthographie und graphischer Anordnung der Dialoge deutlich variiert, hat man lange Zeit für den Erstdruck gehalten." Neben der Fehlbewertung „minimale Abweichungen" fällt in der Analyse des Brentanotextes die Zuordnung des Zitats „Stimme des Lebens", S. 61, noch schwerer ins Gewicht. Diese Formulierung hat einzig Kleist gebraucht. Begemann macht zwar in der Fußnote 18 auf die von Kleist stammende Formulierung aufmerksam, arbeitet aber in der Analyse des Brentanotextes mit Kleists Wortlaut. Dazu später mehr.
Busch, Werner: Caspar David Friedrich. Ästhetik und Religion. München 2003, S. 72. „Brentano schreibt: „Herrlich ist es......."" Busch ordnet den Artikel von Kleist irrtümlich Brentano zu.

6

„Unterhaltung aller Stände des Volks"[8] dient. Die Zeitungsforschung kann bis heute keine gesicherten Quellen über die Auflagenstärke und die Zielgruppen der *Berliner Abendblätter* nachweisen, gleichwohl sollte ein Artikel über ein einziges Gemälde auf einer sehr umfangreichen und populären Kunstausstellung auf Verständnis und nicht auf Überforderung bei möglichst vielen Lesern hoffen.[9]

Das Augenmerk, das die Literaturwissenschaft besonders dem Kleist-Aufsatz gewidmet hat, konzentriert sich bevorzugt auf die Stellen, die entweder die größten Verständnisschwierigkeiten verursachen, oder erheblichen Interpretationsspielraum bieten. Durch die bisherigen Lösungsvorschläge ist der Zugang zu dem Text jedoch nicht unbedingt vereinfacht worden. Die philosophisch interpretierbaren Begriffe von „Anspruch" und „Abbruch" hatte Kleist in seinem stark verkürzten Aufsatz von Brentano übernommen. Das hieße, er hätte allgemein bei seinen Lesern die Kenntnis um die zeitgenössische Theorie des Erhabenen vorausgesetzt. - Ein bezweifelbares Bildungsniveau der Konsumenten der *Berliner Abendblätter*.

Vielmehr soll in dieser Arbeit der Nachweis erfolgen, daß Kleist die Bedeutung der Formulierungen Anspruch/Abbruch von Brentano ohne Schwierigkeiten erfaßt, für allgemein verständlich befunden und deshalb übernommen hat. Aus diesem Grund konzentriert sich die Untersuchung auf bekannte Quellen im Entstehungskontext.

Neben dem Versuch eines - bisher in der Wissenschaft nicht stattgefunden – simultanen close-reading der zwei Brentanotextversionen und der Kleistbearbeitung gerät die Auseinandersetzung um ein früheres Werk des Verursachers der Dichterkontroverse, der Maler Caspar David Friedrich, in den Blickpunkt. Dessen Erstlingsölgemälde *Der Tetschener Altar* hatte so großes publizistisches Aufsehen erregt, daß die beispiellose Auseinandersetzung um dieses Bild, nach dem Namen des Initiators, des Kammerherrn Basilius von Ramdohr, als „der Ramdohrstreit" in die Kunstgeschichte eingegangen ist. [10] Der öffentlich ausgetragene Streit hat einen bedeutenderen Einfluß auf die Aufsätze von Brentano/Arnim und Kleist ausgeübt, als bisher von der Forschung konsequent untersucht worden ist.

---

[8] H. v. Kleist. Brandenburger Ausgabe. II/7 Berliner Abendblätter I. Hg. Roland Reuß u. Peter Staengle. S. 98.
[9] Grathoff, Dirk: Die Zensurkonflikte der „Berliner Abendblätter". Zur Beziehung von Journalismus und Öffentlichkeit bei Heinrich von Kleist. In: Ideologiekritische Studien zur Literatur. Essays I. Hg. Volkmar Sander. Frankfurt 1972, S. 87 „Die Beiträge in den B A waren auch so gehalten, daß sie für breite Bevölkerungskreise interessant waren. Formal gesehen, lassen sie sich in drei Kategorien unterteilen: 1. Literarische Beiträge, vorwiegend literarische Kleinformen wie Anekdoten, Gedichte, Epigramme u. dgl. 2. Räsonierende Artikel, die von Kunst- und Theaterkritiken bis zu politischen Kommentaren reichen konnten, 3. Faktische Nachrichten, seien es Kurznachrichten oder längere Berichte über lokale Vorfälle.
[10] Vgl. Frank, Hilmar: Der Ramdohrstreit. Caspar David Friedrichs „Kreuz im Gebirge". In: Streit um Bilder. Von Byzanz bis Duchamp. Hg.: Karl Möseneder. Berlin 1997, S. 141.

Ziel ist es, die unterschiedlichen Dichterpositionen herauszuarbeiten und Verständnismöglichkeiten - sowohl des Brentano – als auch des Kleisttextes – offen zu legen, die stärker im zeitgenössischen Allgemeinwissen verankert sind. Beide Seiten haben sich auf eine Geschichte aus der Bibel bezogen, die als bekannt vorausgesetzt gilt. Der Brentanotext wird nur in seinem Einleitungsteil ziseliert untersucht, da dieser von Kleist kompakt – mit Modifikationen – übernommen worden ist. Der Hauptteil der Besprechung Brentanos, in dramatischer Form verfaßt und von Kleist komplett gestrichen, bleibt weitgehend unberücksichtigt. Die eigenständige Fortsetzung des Textes von Kleist erschließt sich, besonders die „monströse, berühmt gewordene Metapher von den weggeschnittenen Augenlidern" [11] , nach der Rekapitulation der Ramdohrfehde, die von Dresden ausgeführt wurde. Kleist hielt sich zu diesem Zeitpunkt, wie der Maler Friedrich, in Dresden auf, war mit einigen Wortführern der Auseinandersetzung gut bekannt und über die Intentionen des ursprünglichen Bildes, genannt *Das Kreuz im Gebirge*, besser informiert als Brentano und Arnim. Der religiös verstandenen Auffassung des Bildes durch Brentano fügt Kleist in seiner Fortsetzung eine politische Deutung hinzu. Er greift auf einen Mythos zurück, der Zeitgenossen sowohl auf künstlerischer Ebene als auch in Enzyklopädien präsent ist. Im Gegensatz zu Brentano, dessen Haltung dem Bild gegenüber durch Ambivalenz gekennzeichnet ist, argumentiert Kleist eindeutig für die Qualität des Gemäldes und bespricht es hymnisch.

Ausführliche Erläuterungen einzelner Begriffe und Autoren, die Kleist in seinem eigenständigen Text nach Brentanos Hauptteil zitiert hat, sind zum Verständnis der hier angebotenen Lesart nicht unbedingt erforderlich, da die Dichter bei diesen Formulierungen in ihren Deutungsmöglichkeiten des Gemäldes weitgehend übereinstimmen, und deshalb nicht wesentlich mehr zur Klärung der eklatanten Differenz der Autoren beitragen. Sie verfolgen dasselbe Ziel: Popularität. Letzter Auslöser dieser Untersuchung ist der bereits erwähnte Brief Kleists an Arnim und die erzwungene Erklärung in den *Berliner Abendblätter*. Die Unnachgiebigkeit der Autoren Brentano und Arnim, den Konflikt auf interner Ebene zu lösen, war der Anstoß, sich ein klares, nachvollziehbares Bild von der Differenz zwischen den Schriftstellern zu machen.

---

[11] Vgl. Kurz, Gerhard: Vor Einem Bild. Zu Clemens Brentanos „Verschiedene Empfindungen vor einer Seelandschaft von Friedrich, worauf ein Kapuziner." In: Jahrbuch des Freien Hochstifts. Tübingen 1988, S. 128.

I. 1. Kleists Konflikt mit Brentano und Arnim

Einen Tag nach Erscheinen der Rezension, am Sonntag, dem 14. Oktober 1810, früh morgens schreibt Heinrich von Kleist folgenden Brief an Achim von Arnim:

„H. A. v. Arnim Hochb.

Machen Sie doch den Brentano wieder gut, liebster Arnim, und bedeuten Sie ihm, wie unpassend und unfreundlich es ist, zu so vielen Widerwärtigkeiten, mit welchen die Herausgabe eines solchen Blattes verknüpft ist, noch eine zu häufen. Ich erinnere mich genau, daß ich Sie, während meiner Unpäßlichkeit, um einer undeutlichen Stelle willen, die einer ihrer Aufsätze enthielt, zu mir rufen ließ, und daß Sie, in seiner Gegenwart, gesagt haben: Freund, mit dem, was wir Euch schicken, macht was ihr wollt, dergestalt, daß ich noch einen tüchtigen Respekt vor Euch bekam, wegen des tüchtigen Vertrauens, daß das, was Ihr schreibt, nicht zu verderben, oder Euer Ruhm mindestens, falls es doch geschähe, dadurch nicht zu verletzen sei. Wie ich mit dem verfahre, worunter Ihr Euren Namen setzt, das wißt Ihr; was soll ich aber mit Euren anderen Aufsätzen machen, die es Euch leicht wird, lustig und angenehm hinzuwerfen, ohne daß Ihr immer die notwendige Bedingung, daß es kurz sei, in Erwägung zieht? Hab ich denn bösen Willen dabei gehabt? Und wenn ich aus Irrtum gefehlt habe, ist es, bei einem solchen Gegenstande, wert, daß Freunde Worte deshalb wechseln? – Und nun zum Schluß: werd ich die Komposition von Fräul. Bettine erhalten? Weder daran, noch sonst an irgend etwas, was mir jemals wieder ein Mensch zuschickt, werde ich eine Silbe ändern. Guten Morgen!

den 14. Okt.   H. v. Kleist."[12]

Umstandslos fällt Kleist mit der Tür ins Haus. Direkt dem einleitenden Satz ist zu entnehmen, daß eine heftige Auseinandersetzung zwischen Kleist und Clemens Brentano kurz vorher stattgefunden haben muß, deren Zeuge Arnim war. Ohne im weiteren Verlauf die genaue Ursache des Streites und die unterschiedlichen Standpunkte und Argumente zu benennen, bittet Kleist den gemeinsamen Freund Arnim, der sich mit Brentano eine Wohnung teilt, um Vermittlung in diesem Konflikt.

Mit einem allgemein gehaltenen Hinweis auf die Schwierigkeiten der Herausgabe einer Tageszeitung appelliert Kleist an die Solidarität seiner befreundeten Mitarbeiter, interne Meinungsverschiedenheiten nicht zu ernsten Beeinträchtigungen ausarten zu lassen.[13]

Das Verhältnis scheint so vertraut, die Angesprochenen über die Probleme der Zeitung so informiert, daß Kleist darauf hofft, von Freundesseite auf Verständnis und Nachsicht zu stoßen. Als Beweis seiner Unschuld erinnert er an ein gemeinsames Treffen mit Brentano, in dessen Verlauf ihm Arnim einen Freibrief für etwaige Aufsatzkorrekturen ausgestellt hatte. Eine Geste, die einen starken Eindruck bei Kleist hinterlassen hat.

---

[12] Heinrich von Kleist: Sämtliche Werke und Briefe in vier Bänden. Bd. 4. Hg.: Helmut Sembdner. München 1982, S. 839.

[13] Die Probleme der Redaktion werden im Kapitel „Zur Chronologie der Ausstellungsbeiträge in den *Berliner Abendblätter*" in den Fußnoten näher erläutert.

Darüber hinaus weist er auf die unterschiedliche Behandlung von Texten hin: Die mit vollem Namen unterschriebenen und denen ein höherer literarischer Wert zugesprochen wird und denen, die schnell für die Tageslektüre produziert und deshalb lediglich mit den Anfangsbuchstaben, einem Kürzel, versehen werden. [14] Die „Kürzeltexte" scheinen demnach den redaktionellen Bedingungen untergeordnet zu werden, wie im Fall der ungenannten Streitsache, und Kleist weist explizit auf die notwendige Kürze eingereichter Texte hin. Bis dahin hatte Kleist versucht, sein Verhalten zu rechtfertigen und um Verständnis zu bitten.

Die Bemerkung Kleists „was soll ich aber mit Euren anderen Aufsätzen machen, die es Euch leicht wird, lustig und angenehm hinzuwerfen", deuten gleichwohl auf eine tiefere Ursache der Textänderungen hin und stellen eine Schlüsselstelle in der Beurteilung des Artikels dar. Kleist äußert sich nicht über den Inhalt des Aufsatzes oder über die Bewertung des Gemäldes, sondern registriert einen Schreibstil, dem es in seinem Umfang an ernsthafter Auseinandersetzung mangelt. Der scherzhafte literarische Stil der Autoren steht im Vordergrund und nicht der inhaltliche Gegenstand der Beurteilung.

Böser Wille kommt als Motiv für seine Textänderungen nicht in Frage, er konzediert eher ein Mißverständnis, den Wert oder die Bedeutung des eingereichten Textes nicht erkannt zu haben. Und ein Mißverständnis diesen Gegenstand betreffend sollte unter Freunden kein Anlaß zu harschem Wortwechsel sein. Zum Schluß des Briefes lenkt er die Aufmerksamkeit vom Streit ab und kommt auf ein musikalisches Werk einer jungen Dame, Bettine Brentano, der Schwester des aufgebrachten Brentano und Braut von Arnims zu sprechen. Die Erwähnung des Fräuleins läßt sich als Verunsicherung Kleists lesen, wie weite Kreise dieser Streitfall wohl ziehen könnte. [15] Er beendet den Brief wieder in einem Vertrauen suchenden Ton, indem er ein grundsätzliches Versprechen abgibt: In Zukunft nie wieder an einem eingesandten Schriftstück die geringste Veränderung vorzunehmen. Das freundliche „Guten Morgen", das er anhängt, deutet die Hoffnung an, die unliebsame Angelegenheit bald aus der Welt geschafft zu wissen.

---

[14] Vgl. Sembdner, Helmut: Die Berliner Abendblätter Heinrich von Kleists, S. 180.
[15] Vgl. Steig, Reinhold: Heinrich von Kleists Berliner Kämpfe, S. 431, 432. Steig liest die Erwähnung Bettine Brentanos als eine Ermahnung.

Dieser Bettelbrief scheint jedoch seine Wirkung vollkommen verfehlt zu haben. Hatte Kleist in dem Schreiben noch versucht, die Angelegenheit herunterzuspielen und eines ernsten Konfliktes zwischen Freunden für nicht Wert zu erachten, so müssen in der Woche nach dem Brief doch „Gespräche" stattgefunden haben, die der Bedeutsamkeit der Kunstkritik einen anderen Stellenwert zuweisen. Das Argument der notwendigen Kürze eingereichter Artikel scheint weder Brentano noch Arnim überzeugt und beruhigt zu haben. Der Streit kann unter den Freunden nicht beigelegt werden. Es kommt zu keiner Versöhnung, im Gegenteil: Brentano und auch Arnim, dessen Kürzel unter dem Aufsatz nicht gedruckt war, verlangen öffentliche Genugtuung.[16] - Mittlerweile scheint auch Arnim von der Empörung Brentanos angesteckt. So sieht sich Kleist am Montag, dem 22. Oktober 1810, gezwungen, in den *Berliner Abendblätter* zum Schluß der Ausgabe eine Entschuldigung zu veröffentlichen:

> "Erklärung. Der Aufsatz Hrn. L.A.v.A. und Hrn. C.B. über Hrn. Friedrichs Seelandschaft (S. 12te Blatt.) war ursprünglich dramatisch abgefaßt; der Raum dieser Blätter erforderte aber eine Abkürzung, zu welcher Freiheit ich von Hrn. A.v.A. freundschaftlich berechtigt war. Gleichwohl hat dieser Aufsatz dadurch, daß er nunmehr ein bestimmtes Urtheil ausspricht, seinen Charakter dergestalt verändert, daß ich, zur Steuer der Wahrheit, falls sich dessen jemand nicht erinnern sollte, erklären muß: nur der Buchstabe desselben gehört den genannten beiden Hrn.; der Geist aber, und die Verantwortlichkeit dafür, so wie er jetzt abgefaßt ist, mir. H.v.K."[17]

Was hat es mit dieser Erklärung auf sich? Zuallererst wird die Öffentlichkeit über interne Redaktionsdifferenzen, eine Kunstkritik betreffend, in Kenntnis gesetzt. Ein Vorgang, der keinem seriösen Unternehmen recht sein kann.[18] Der ursprüngliche Zeitungstitel der Rezension *Empfindungen vor Friedrichs Seelandschaft* wird in der Erklärung um die Empfindungen gekürzt. Der Brentano/Arnim Aufsatz trug in der Handschrift den Titel *Verschiedene Empfindungen vor Friedrichs Seelandschaft, worauf der Kapuziner, auf der diesjährigen Kunstausstellung.*[19] Die persönlichen Empfindungen in dem Disput scheinen dermaßen gestört, daß Kleist das Gemälde schlicht auf eine Seelandschaft von Friedrich reduziert.

Neben dem Eingeständnis, die dramatische Form des Originalbeitrags getilgt und einer bewilligten Kürzung unterzogen zu haben, gesteht Kleist, durch seine Änderungen der Besprechung ihre polyvalente Auslegung genommen, statt dessen eine eindeutige Stellungnahme bezogen und „ein bestimmtes Urtheil" ausgesprochen zu haben, das den ursprünglichen Autorintentionen nicht entsprochen hat. Obwohl er sich des originalen Wortlautes bedient hatte, drückt die Kritik jetzt eine konträre Geisteshaltung aus, für die allein Kleist zur Verantwortung zu

---

[16] Ebd., S. 268: „Ein Schriftsteller, der auf sich hält, läßt sich solche Eingriffe eines Redacteurs nicht gefallen."
[17] Vgl. H. v. Kleist. Brandenburger Ausgabe. II/7 B. A. I, S. 102.
[18] Vgl. Steig, Reinhold: Heinrich von Kleists Berliner Kämpfe, S. 268: „...ein Schritt, zu dem sich der Redacteur eines noch jungen Unternehmens nur im äußersten Fall verstehen wird."
[19] Brandenburger Kleist-Blätter 11. Frankfurt/Main 1997, S. 357.

ziehen sei. Aus einem „lustig und angenehm" hingeworfenen Aufsatz hat Kleist ein bestimmtes Urteil gefiltert. Dennoch: Kleist ist abhängig von Mitarbeitern, besonders wenn es sich um Schriftsteller handelt, die sich bereits einen Ruf erworben haben. So versucht er, zur Beruhigung der erhitzten Gemüter, die Wogen durch eine öffentliche Richtigstellung zu glätten.

Um welches Urteil handelt es sich? Welcher Geist spricht aus dem Aufsatz? Wieso sind Brentano und Arnim nicht bereit, die Verantwortlichkeit mitzutragen? Das sind Fragen, die sich nur aus der Rekonstruktion eines Zeitungsvorfalles in der Vergangenheit klären lassen.

II. Vorgeschichte

Die Ursache liegt an einem anderen Ort, in Dresden, und weit über ein Jahr zurück. 1808 zelebriert Caspar David Friedrich in seinen Privaträumen die Ausstellung seines ersten Ölgemäldes *Der Tetschener Altar*. Der Maler selbst ist während dieses Zeitraumes nicht vor Ort. Das für einen Altar bestimmte Landschaftsgemälde löst zu seiner Zeit einen öffentlich geführten, heftigen Streit aus. Dieser Streit hinterläßt Spuren. Deshalb ist es notwendig, genauer zurückzublicken, die damals ins Spiel gebrachten Argumente präziser zu betrachten und sich die Polemik, mit der diese Diskussion geführt wurde, in Erinnerung zu rufen.

Als im Herbst 1810 die Kunstausstellung in Berlin eröffnet wird und die *Berliner Abendblätter* fast zeitgleich in Erscheinung treten, stellt sich Caspar David Friedrich mit neuen Bildern der Öffentlichkeit. Eine Gelegenheit, für das frisch auf den Zeitungsmarkt geworfene Blatt, Stellung zu beziehen.

II. 1. Entstehungsgeschichte des *Tetschener Altar*

Durch Rühle von Lilienstern wurde eine Entstehungsgeschichte des Gemäldes *Der Tetschener Altar* übermittelt, die 1977 durch neu aufgetauchte Dokumente in einem tschechischen Archiv der Familie Thun korrigiert werden mußte und den Entstehungsprozess des Bildes wesentlich komplizierter erscheinen lassen.[20] Nach Rühle von Lilienstern war das Bild ein Auftragswerk des Grafen Thun und als Hochzeitsgeschenk für seine Braut, Gräfin Brühl, gedacht. Für eine noch einzurichtende Hauskapelle auf Schloß Tetschen sollte das Gemälde die Funktion eines Altarbildes einnehmen. Das Gemälde wird auf Grund dieser Informationen als *Der Tetschener Altar* in die Kunstgeschichte eingehen, obwohl das Bild weder bei seinen Besitzern noch später die Funktion als Altarschmuck eingenommen hat.[21]

Jedoch ist durch einen wiedergefundenen Brief der Gräfin Brühl vom 6. August 1808 ein ganz anderer Sachverhalt zu rekonstruieren.

---

[20] Vgl. Busch, Werner: Caspar David Friedrich, S. 34, 35. Schmied, Wieland: Caspar David Friedrich. Köln 2002, S. 58.
[21] Vgl. Schmied, Wieland: Caspar David Friedrich, S. 58. Hofmann, Werner: Caspar David Friedrich. München 2000, S. 47.

Im März 1807 findet in Dresden eine Ausstellung statt, auf der u.a. eine Sepiazeichnung im Querformat mit einem Kreuz im Gebirge von Caspar David Friedrich zu sehen ist. Der Maler fängt im Anschluß an die Ausstellung mit der Vorbereitung für die Umsetzung des Motivs in ein Ölbild an. Die Komposition wird in ein Hochformat verändert. Dafür verfertigt Friedrich weitere Studien mit schlankeren Fichten.[22] Das Gemälde widmet er als gebürtiger pommerscher Schwede seinem König Gustav Adolph IV.

Caspar David Friedrich teilt sowohl die politische, antinapoleonische Gesinnung, als auch die religiöse, eine besondere pietistische, dem Herrenhutertum nahestehende Frömmigkeit seines Königs.[23]

Friedrichs Abneigung gegen Frankreich und Napoleon geht so weit, daß er am 24. November 1808 an seinen Bruder Christian in Lyon schreibt:

> „Du fühlst es selbst, daß es nicht recht ist, daß Du als Teutscher in Frankreich bist, und das tröstet mich noch einigermaßen, denn sonst würde ich ganz an Deiner Teutschheit zweifeln. Indes grollt es mich so sehr, lieber Junge, daß ich Dich bitten muß, solange Du in Frankreich bist, nicht mehr an mich zu schreiben."[24]

Die politische Übereinstimmung Friedrichs mit seinem König mag der Grund für die vorgesehene Schenkung gewesen sein. Vor diesem Hintergrund läßt sich das Bild, ohne den für den Altar extra verfertigten Rahmen, auch politisch interpretieren. Die Sonne, das Herrschaftsinsignium des schwedischen Königs, wirft ihre Strahlen auf das aus dem Felsen aufragende Kreuz, und erweist sich als Beschützer der von Napoleon bedrohten Christenheit.[25]

Im Sommer 1808 besichtigen Graf Thun und seine Braut Gräfin Brühl das Atelier von Friedrich in Dresden, sehen das angefangene Gemälde und erteilen einen Auftrag zum Kauf des Bildes. Jenem besagten Brief der Gräfin Brühl ist zu entnehmen, daß das Bild nicht zu erwerben ist:

> „Das schöne Kreuz ist leider! Nicht zu haben! Der brave Norde hat es seinem König verehrt, und obwohl er keine Gelegenheit hat es ihm zukommen zu lassen, und bis dahin wohl auch noch einige andere Stücke verfertigen könnte, so will er es doch nicht geben."[26]

---

[22] Börsch-Supan, Helmut: Dresden 1803-1809. Bildende Kunst zwischen Alter und Jugend. In: Kleist Jahrbuch 1990. Hg.: Hans Joachim Kreutzer. Stuttgart 1991, S. 45. „Die Komposition hatte er bereits auf der Ausstellung von 1807 als Sepiazeichnung bekannt gemacht." u. vgl. Busch, Werner: Caspar David Friedrich. Ästhetik und Religion, S. 35.
[23] Vgl. Busch, Werner: Caspar David Friedrich. Ästhetik und Religion, S. 37.
[24] Vgl. Börsch-Supan, Helmut: Dresden 1803-1809, S. 45.
[25] Vgl. Schmied, Wieland: Caspar David Friedrich, S. 58.
Vgl. Busch, Werner: Caspar David Friedrich. Ästhetik und Religion, S. 36. Auf der S. 38 macht Busch darauf aufmerksam, daß Friedrich durch eine Episode in Tiecks „Franz Sternbald" zu dem Motiv angeregt worden sein könnte.
[26] Ebd., S. 35.

Die Situation verändert sich jedoch, und Friedrich entscheidet sich, das Kunstwerk dem Grafen Thun zu überlassen. Der Maler gibt bei dem Bildhauer Gottlieb Christian Kühn einen Rahmen in Auftrag, der der veränderten Funktion des Gemäldes als Altarbild gerecht werden soll.[27] Durch die Herstellung eines speziellen Rahmens mit eindeutiger Kodifizierung konnte das Bild somit in einen neuen konzeptionellen Kontext gestellt werden.[28]

Bevor im weiteren Verlauf auf die Reaktionen, die das Bild zu seiner Zeit auslöste, eingegangen wird, soll hier ausdrücklich festgehalten werden, daß das Werk eine sowohl politische als auch eine religiöse Auslegung birgt.[29]

II. 2. Die Rezension Ramdohrs

Über die Weihnachtstage 1808 stellt Caspar David Friedrich in seiner Wohnung in Dresden das mittlerweile für den *Tetschener Altar* bestimmte Gemälde in einem eigens dafür dunkel abgehängtem Raum aus. Am 28. Dezember schreibt Marie von Kügelgen an ihren Mann, den Maler Gerhard von Kügelgen:

> „Gestern machte ich den ersten Ausgang und ging gerade über die Elbe zu Friedrich, um sein Altarbild zu sehen. Ich fand viele Bekannte dort unter andern den Kammerherrn Riehl mit seiner Gemahlin, den Prinzen Bernhard, Beschoren, Seidelmann, Volkmann, die Bardua u.s.. Es ergriff alle, die ins Zimmer traten, als beträten sie einen Tempel. Die größten Schreihälse, selbst Beschoren, sprachen leise und ernsthaft wie in einer Kirche. - “[30]

Doch nicht alle Besucher scheinen dergestalt ergriffen gewesen zu sein. Es findet sich ein anderer, wirkungsvollerer Schauplatz, an dem sich die „Schreihälse" zu Wort melden.

---

[27] Ebd., S. 36.
[28] Jensen, Jens Christian: Caspar David Friedrich. Leben und Werk. Köln 1999, S. 80.
[29] Eimer, Gerhard: Zur Dialektik des Glaubens bei Caspar David Friedrich. Frankfurter Fundamente der Kunstgeschichte. Bd. 1. Frankfurt/Main, 1982, S. 106: „Herr de Chapeaurouge ist mir zuvorgekommen, indem er erstmals deutlich herausstellte, daß der „Tetschener Altar" ursprünglich als politisches Bild begonnen worden ist." S. 131: „Frau Reitharova hat durch ihre aufopfernde Quellenforschung den Nachweis erbringen können, daß die Ausführung des neuen Altarbildes einem patriotischen Ansatz entsprang: Caspar David Friedrich wollte mit dem Bild für den strikt antinapoleonischen Gustav IV. Adolf, welcher in den Entstehungsmonaten der letzten Fassung des Gemäldes noch die Kämpfe in Finnland persönlich anführte, Partei ergreifen." Vgl. Schmied, Wieland: Caspar David Friedrich. S. 58: „Religiöses und patriotisches Bekenntnis konnten damals ganz selbstverständlich Hand in Hand gehen."
[30] Kügelgen, Marie Helene von: Ein Lebensbild in Briefen. Stuttgart 1904, S. 146.

Ab Dienstag, den 17. Januar 1809, erscheint in der 12. Ausgabe der Leipziger *Zeitung für die elegante Welt* eine weitläufige und gründliche Besprechung des Gemäldes unter dem Titel:

> „Über ein zum Altarbilde bestimmtes Landschaftsgemälde von Herrn Friedrich in Dresden, und über Landschaftsmalerei, Allegorie und Mystizismus überhaupt"[31]

von dem Kammerherrn Friedrich Wilhelm Basilius von Ramdohr, einem durch „ästhetische Schriften"[32] ausgewiesenen Kunstkenner, dessen Kunstauffassung sich an den Regeln des Klassizismus orientiert. Vorwegweisend versichert Ramdohr dem Leser, sich in der lautersten Absicht zu äußern[33], ohne den Maler selbst oder ein anderes Bild von ihm zu kennen, da dieses ihm eine „neue, mir wenigstens bisher unbekannt gebliebene Ansicht der Landschaftsmalerei"[34] eröffnet. Seine kritische Auseinandersetzung, die ihn bewegt, ausführlich zur Feder zu greifen, bezieht sich auf seine Befürchtung, in dem Bild „ein System, das daraus hervorleuchtet"[35], zu entdecken, das den Untergang der Landschaftsmalerei, die sich in das Feld der religiösen Historienmalerei vorwagt, zur Folge hat.[36] Stattdessen lobt er die Verdienste von Johann Joachim Winckelmann und Anton Raphael Mengs und bekennt sich zu den Malern Claude Lorrain, Nicolas und Gaspard Poussin, Jacob van Ruisdael und schließlich zu seinem gesunden Menschenverstand.[37]

Noch im einleitenden Überblick pointiert der Rezensent seine Vorbehalte. Durch das Gemälde sieht er nicht nur den „guten Geschmack" in Gefahr, sondern das Wesen und den Geist der Landschaftsmalerei „der unglücklichen Brut der gegenwärtigen Zeit" ausgesetzt „und das schauderhafte Vorgesicht der schnell heraneilenden Barberei"[38] auf sich zukommen. Obschon das Gemälde die Forderung Diderots nach einem „Geheimnis" erfüllt, indem es „Effekt" macht,

---

[31] Ramdohr, Basilius von: Über ein zum Altarbilde bestimmtes Landschaftsgemälde von Herrn Friedrich in Dresden, und über Landschaftsmalerei, Allegorie und Mystizismus überhaupt. In: Zeitung für die elegante Welt, Nr.12, 17.1.1809. Hg. August Mahlmann, Leipzig 1809, S. 89 ff. (Im Folgenden zitiert: Zeitung für die elegante Welt, Nr., Datum, Seite).

[32] Vgl. Börsch-Supan, Helmut: Dresden 1803-1809, S. 45.
Vgl. Frank, Hilmar: Der Ramdohrstreit. Caspar David Friedrichs „Kreuz im Gebirge". S 145 schreibt zur Beurteilung Ramdohrs von Zeitgenossen „Zum Glück ließ sich von Ramdohrs Angriff niemand einschüchtern, ebensowenig von seiner Person. Man nahm ihn nicht ernst, man hatte ihn nie ernst genommen. [..] Wackenroder verachtete Ramdohrs Schriften: „wer diese liebt, mag das, was ich geschrieben habe, nur sogleich aus der Hand legen, denn es wird ihm nicht gefallen." Am schlechtesten aber kommt Ramdohr im 'Athenäum` der Brüder Schlegel weg, wo Dorothea Veit seine 'Moralischen Erzählungen', zu denen auch eine verständnislos-philiströse Abwandlung von Lessings 'Emilia Galotti' gehört, in einem auch hilflosen Ausruf abfertigt: 'O Apollo! O Ramdohr!'"

[33] Unverfehrt, Gerd: Caspar David Friedrich. München 1984, S. 47: „Ramdohr beginnt seine Kritik mit einer Rechtfertigung."

[34] Vgl. Zeitung für die elegante Welt. Nr. 12, 17.1.1809, S. 89.

[35] Ebd., Zeitung für die elegante Welt, S. 90.

[36] Vgl. Börsch-Supan, Helmut. Dresden 1803-1809, S. 45: „Daß die untergeordnete Gattung der Landschaftsmalerei sich anmaßte, Gedanken auszusprechen, deren Formulierung bisher der religiösen Historienmalerei vorbehalten gewesen war, mußte als unerhörter Vorgang erscheinen."

[37] Vgl. Zeitung für die elegante Welt. Nr. 12, 17.1.1809, S. 91.

[38] Vgl. Zeitung für die elegante Welt. Nr. 12, 17.1.1809, S. 90.

warnt er vor dem Missbrauch der Fähigkeit, „Emozionen bei dem großen Haufen zu wecken".

Damit sei kein Beweis für die Güte des Werkes gegeben, vielmehr habe es, zum Nachteile der Kunst eingesetzt, „gefährliche Scharlatanerie"[39] zur Folge.[40]

Nach einer erläuternden Bildbeschreibung stellt Ramdohr fest:

> „Daß hier eine allegorische Deutung unterliege, kann von dem unbefangenen Beschauer nicht bezweifelt werden. Dahin führt der Rahmen, der das Bild umfaßt, mit seinen Symbolen, von denen ich weiter unten reden werde. Der Rahmen aber muß die Billigung des Künstlers für sich haben, weil das Gemälde von demselben umgeben zur Beschauung ausgestellt ist. Es führt aber auch dahin die Bestimmung des Gemäldes zum Altarblatte. Das darin angebrachte Kruzifix, zwei oder drei Zoll hoch, dem Beschauer den Rücken zukehrend, kann jene Bestimmung nicht rechtfertigen. Es leidet keinen Zweifel, hinter der Naturszene, die der Maler dargestellt hat, liegt eine allegorische Deutung verborgen, die den Beschauer auffordern soll zu einer frommen, auf den Genuß des Abendmahls sich beziehenden Stimmung."[41]

Neben dem Zusammenhang, den der Kritiker zwischen dem Rahmen und dem Bild zieht, und der dem Bild eine allegorische Deutung unterlegt,[42] weist er sowohl auf die Bestimmung des Ortes, eine Kirche, als auch auf die beabsichtigte Wirkung des Bildes hin; das Ende eines Gottesdienstes, dem als Höhepunkt das Ritual des Abendmahls folgt. Im Anschluß unterrichtet Ramdohr den Leser über seine grundsätzlichen Fragen, die das Gemälde auslöst und kündigt die Beantwortung in den folgenden Zeitungsausgaben an:

> „Läßt sich die angegebene Naturszene malen, ohne die wesentlichen Vorzüge der Malerei und besonders der Landschaftsmalerei aufzuopfern? Ist es ein glücklicher Gedanke, die Landschaft zur Allegorisierung einer bestimmten religiösen Idee oder auch nur zur Erweckung der Andacht zu gebrauchen? Endlich: Ist es der Würde der Kunst und des wahrhaft einnehmenden Menschen angemessen, durch solche Mittel, wie sie Herr Friedrich angewandt hat, zur Devozion einzuladen?"[43]

Mit einem polemischen, erfundenen Kommentar des Malers über die Deutung seines Gemäldes endet der erste Aufsatz des Kritikers.

Mit dieser provozierenden Eröffnungsbesprechung startet eine Artikelserie über ein einziges, zeitgenössisches Kunstwerk, in einer für die damaligen Verhältnisse hohen Zeitungsauflage.[44]

Zwei Tage später, am Donnerstag, den 19. Januar 1809, werden in der 13. Ausgabe unter dem Kapitel *Ueber Landschaftsmalerei*[45] die handwerklichen Voraussetzungen und Regeln besprochen. Der Autor konstatiert fehlende Mannigfaltigkeit der Fläche. Dieses Defizit führt zu mangelnder Harmonie für das Auge und läßt gleichzeitig eine Wohlgestalt der Plan- und Linienperspektive

---

[39] Ebd., S. 92. Alle Ausdrücke, die in den zwei Sätzen in Anführungsstriche gesetzt sind.
[40] Vgl. Unverfehrt, Gerd: Caspar David Friedrich, S. 47: „Ramdohr also hält den Tetschener Altar nicht nur für ein schlechtes, sondern auch für ein gefährliches Bild."
[41] Vgl. Zeitung für die elegante Welt. Nr. 12, 17.1. 1809, S. 93.
[42] Vgl. Jensen, Jens Christian: Caspar David Friedrich, S. 80.
[43] Vgl. Zeitung für die elegante Welt. Nr. 12, 17.1.1809, S. 94, 95.
[44] Zit. bei: Weiss, Hermann F.: Funde und Studien zu Heinrich von Kleist. Tübingen 1984, S. 149: „Die Auflage betrug ca. 2500 (vgl. Erwin Bruno Richter, Siegfried August Mahlmann. Ein sächsischer Publizist am Anfang des XIX. Jahrhunderts. Diss. Leipzig 1934. S. 34)."
[45] Vgl. Zeitung für die elegante Welt. Nr. 13, 19.1.1809, S. 97.

vermissen. Dergestalt, daß die Logik und Glaubwürdigkeit der Komposition und der perspektivischen Ordnung im Verhältnis zum Licht, der Luftperspektive und der gekreuzigten Figur außer Kraft gesetzt sind.[46] Er kommt zu einem ersten Resümee:

> „Die Ausführung des Bildes zeigt alle Folgen, die von der Vernachlässigung der von mir aufgestellten Grundsätze unzertrennlich sind. Der Maler hat gar keinen Standpunkt angenommen oder auch nur annehmen können, um dasjenige auszudrücken, was er ausdrücken wollte."[47]

Der Kritiker weist dem Künstler nach, die wesentlichen Vorzüge der Malerei und besonders der Landschaftsmalerei, die sich an klaren Regeln orientiert, aufgeopfert zu haben, und bescheinigt in seinem zweiten Artikel dem jungen Talent handwerkliches Unvermögen auf dem Gebiet der Landschaftsmalerei.[48]

Am darauffolgenden Tag wird unter dem nächsten Kritikpunkt die Anwendung der Allegorie in der Landschaftsmalerei und deren Möglichkeiten hinsichtlich des künstlerischen Ausdrucks besprochen. Die Absicht des Malers, das Stilmittel der Allegorie für eine „bestimmte religiöse Idee oder auch nur zur Erweckung der Andacht"[49] im Landschaftsgemälde zu gebrauchen und die daraus intendierte religiöse Wirkung stellt Ramdohr grundsätzlich in Frage.[50] Der Kunstkritiker spricht Friedrich allein die Berechtigung einer solchen Absicht ab, da Friedrich weder über die technischen Fähigkeiten verfügt, noch eine Einigkeit über den Begriff des Idealisierens herrscht und daß er schließlich den Weg des Allegorisierens, den der Maler eingeschlagen hätte, „sich gehorsamst verbitten"[51] würde. Mit dieser Provokation beendet der Autor seinen Artikel. Auf diese Weise hält er bei seinen Lesern die Spannung auf die Fortsetzung in der Wochenendausgabe wach.

---

[46] Hofmann, Werner: Caspar David Friedrich, S. 44, 45.
[47] Zeitung für die elegante Welt. Nr. 13, 19.1.1809, S. 101, 102.
[48] Vgl. Unverfehrt, Gerd: Caspar David Friedrich, S. 48.
[49] Zeitung für die elegante Welt. Nr. 14, 20.1.1809, S. 111.
[50] Vgl. Frank, Hilmar: Der Ramdohrstreit. Caspar David Friedrichs „Kreuz im Gebirge", S. 143: „Er (Ramdohr) vermag sich ein Altarbild nur als Figuralkomposition vorzustellen." Vgl. Unverfehrt, Gerd. Caspar David Friedrich, S. 49: „Da die bildnerische Tradition seit dem klassischen Altertum kein Landschaftsbild als Gegenstand religiöser Verehrung kennt, so *kann und darf* nach Ramdohrs Meinung ein Landschaftsbild auch nicht Gegenstand religiöser Verehrung sein."
[51] Zeitung für die elegante Welt. Nr. 14, 20.1.1809, S. 111.

In der Samstagsausgabe vom 21. Januar 1809 knüpft Ramdohr in seinem *Beschluß*[52] an die am Tag zuvor geäußerte Kritik an der Allegorie in der Landschaftsmalerei an und sieht ihre höchste Fähigkeit darin,

> „die Beziehung der Gegend als Szene zu einer sehr allgemeinen Situation des Menschen überhaupt oder zu einer sehr bekannten Begebenheit aus der Geschichte"[53]

herstellen zu können. Zwar kommt der Rezensent einerseits zu der Schlussfolgerung: „Nie wird man mit einer gut zusammengesetzten Landschaft allegorisieren können", andererseits aber behauptet er:

> „Die allegorische Deutung der Landschaft muß demnach immer außer dem Gemälde aufgesucht werden, in der Bestimmung des Orts, wo sie aufgestellt werden soll, oder in ihrem Rahmen."[54]

Die Äußerungen über die Möglichkeiten der Allegorisierung in der Landschaftsmalerei schwanken zwischen völliger Ablehnung, weil es die Gattung überfordert und den Eingeständnissen einen Zusammenhang zur Geschichte, zum Ausstellungsort oder dem Rahmen herzustellen. Zusätzlich fordert er zur inhaltlichen Präzision der Begriffe auf:

> „Man verwechsele doch nicht den Ausdruck der Landschaft mit Allegorie!"[55]

Nach seinem Verständnis kann und soll sich die Landschaftsmalerei nicht das Gewicht der Allegorie auf die Schultern bürden. In der Summe weist Ramdohr dem Maler noch einen Regelverstoß in der Gattung nach und setzt die Kritik fort, indem er weitere entschiedene Zweifel an dem Werk anmeldet, welches seiner Ansicht nach:

> „auf pathologische Rührung, d.h. auf die Erregung eines affektvollen Zustandes in dem Beschauer, wie er ihn etwa von den dargestellten Sujets in der Natur selbst erhalten würde"[56],

ausgerichtet zu sein scheint. Zur Differenz von pathologischer und ästhetischer Rührung bemerkt er:

> „Es ist lächerlich, dergleichen wahrhaft pathologische Rührung vor dem Gemälde zu erwarten, das der Hauptmittel dazu völlig entbehrt. Was es liefert, ist ästhetische Rührung, wobei wir der Entfernung von dem wirklichen Leben uns immer bewußt , uns des Spiels freuen, das die Kunst mit unseren Rührungen treibt. Wäre es möglich, die Kunst könnte uns in eine wahre pathologische Rührung versetzten, so fiele die ästhetische weg: das Kunstwerk ginge in Natur, der Genuß am Schönen in den der Sympathie über."[57]

---

52 Zeitung für die elegante Welt. Nr. 15, 21.1.1809, S. 113.
53 Ebd., S. 115.
54 Zeitung für die elegante Welt. Nr. 15, 21.1.1809, S. 116.
55 Ebd., S. 116.
56 Ebd., S. 113.
57 Ebd., S. 117.

Statt ästhetischer Rührung versucht das Bild eine psychische Wirkung hervorzurufen und „existenzielle Betroffenheit"[58] auszulösen. Dem Bildbetrachter sind zwar die verschiedensten ästhetischen Rührungen willkommen und in ihrer Überraschung eine Bereicherung, aber für Ramdohr ist es ausgeschlossen, daß ein Bild eine echte Emotion auslöst. Der Bildbetrachter wird dank seines Bewußtseins und seines Reflexionsvermögens nie einem Gemälde gegenüber gefühlsmäßig ausgeliefert sein. Diese positive Kontrolle ist für den Autor das Rüstzeug für die ästhetische Rührung, und ein wichtiges Kriterium zur Beurteilung eines Gemäldes. Der Anspruch auf pathologische Rührung widerspricht der Aufgabe und den Möglichkeiten der Landschaftsmalerei, die sich für Ramdohr allein auf den ästhetischen Ausdruck konzentrieren kann und soll.[59]

In seinem Schlussbericht stellt der Kritiker - nachdem er unermüdlich die handwerkliche Unfähigkeit bemängelt hat - fest, auch im künstlerischen Ausdruck genüge der Maler nicht den von dem Rezensenten geforderten Ansprüchen an die Landschaftsmalerei und resümiert:

> „In der That, es ist eine wahre Anmaßung, wenn die Landschaftsmalerei sich in die Kirche schleichen und auf Altäre kriechen will."[60]

Statt einer Figurenkomposition aus der Bibel[61] maßt sich der Maler an, eine unglaubwürdig und schlecht gemalte Landschaft zum Altarbild zu erheben. Auf diese Weise wird der Beliebigkeit in der Motivauswahl Tor und Tür geöffnet. Doch damit ist es ihm noch nicht genug.

Auf das Ende und den Höhepunkt seines Aufsatzes zusteuernd widmet er sich dem wichtigsten Kritikpunkt: Der Geisteshaltung, die seiner Ansicht nach der Ausführung und Aussage des Bildes zu Grunde liegt, und er beschäftigt sich mit der „Würde der Kunst"[62], durch die vom Maler eingesetzten Mittel „zur Devozion"[63] einzuladen. Und noch einmal kommt der Kritiker auf den Rahmen zu sprechen, indem er einen unmittelbaren Zusammenhang zwischen dem Bild und dem Rahmen bemerkt, ohne den die Allegorie nicht nachvollziehbar ist, und er muss gleichwohl

---

[58] Vgl. Schmied, Wieland: Caspar David Friedrich, S. 58. Und Jensen, Jens Christian: Caspar David Friedrich, S. 79: „Der Mensch, der pathologisch gerührt, also in seinem Sein erschüttert werden will....."
[59] Vgl. Jensen, Jens Christian: Caspar David Friedrich, S. 79. Und Unverfehrt, Gerd: Caspar David Friedrich, S. 48. Vgl. Frank, Hilmar: Der Ramdohrstreit. Caspar David Friedrichs „Kreuz im Gebirge", S. 144: „Das war ein vernichtendes Urteil. Denn „pathologische Rührung" ist ein Kampfbegriff der klassischen Autonomieästhetik, der alle Gestaltung ausschließt, denen jene formale Bändigung fehlt, die erst das freie Spiel der Kunst begründet. Dem Autonomiekonzept Kants ist jegliche Willensbestimmung, die aus einer sinnlichen Affizierung erwächst, also aus einem bloß angenehmen Reiz, dem jede Formbestimmtheit mangelt, die erst Rationalität und damit Freiheit verbürgt, „pathologisch". [..] Der Begriff der „pathologischen Rührung" siedelt Friedrichs Bild jenseits und unterhalb aller Kunst an, es ist bestenfalls eine kunstähnliche Veranstaltung, die ein Stück anrührender Wirklichkeit vortäuscht. Pathologische Rührung rechnet auf den direkten Sympathieeffekt des wirklichen Lebens..."
[60] Zeitung für die elegante Welt. Nr. 15, 21.1.1809, S. 118.
[61] Vgl. Frank, Hilmar: Der Ramdohrstreit. Caspar David Friedrichs „Kreuz im Gebirge", S. 141: „Nicht der Gekreuzigte selbst ist zu sehen, sondern ein Kruzifix im Abendrot."
[62] Zeitung für die elegante Welt. Nr. 15, 21.1.1809, S. 118.
[63] Ebd., S. 118.

feststellen: „Der Rahme ist ohne alles Verhältnis zu dem Bilde."[64] Die Koppelung dieser beiden Inhalte führen den Kritiker schließlich zur Benennung des scheinbar hervorleuchtenden, und bereits im Titel erwähnten Mystizismus.[65]

Hatte der Rezensent bis dahin noch versucht seine Kritik mit gebrochenen Kunstregeln und ästhetischen Argumenten darzulegen und zu rechtfertigen, verschärft sich sein Ton im Schlußkapitel und wird unverhohlen aggressiv:

> „Setzt man diese Emblematik mit der Allegorie des Gemäldes zusammen und erwägt die Tendenz des Ganzen, mit Aufopferung von Wahrheit und Geschmack eine zwar an sich verehrungswürdige, tröstende, aber gar nicht ästhetische Idee unserer Religion: Glauben an die geheimnisvollen Wirkungen des Abendmahls zu versinnlichen: wie ist es möglich, den Einfluß zu verkennen, den ein jetzt herrschendes System auf Herrn Friedrichs Komposition gehabt hat! Jener Mystizismus, der jetzt überall sich einschleicht und aus Kunst wie aus Wissenschaft, aus Philosophie wie aus Religion gleich einem narkotischen Dunste uns entgegenwittert! Jener Mystizismus, der Symbole, Phantasien für malerische und poetische Bilder ausgibt und das klassische Altertum mit gotischem Schnitzwerk, steifer Kleinmeisterei und mit Legenden vertauschen möchte! Jener Mystizismus, der statt Begriffe Wortspiele verkauft, auf entfernte Analogien Grundsätze baut und überall nur ahnen will, wo er entweder wissen oder erkennen könnte oder bescheiden schweigen müßte. Jener Mystizismus, dessen Anhängern Ignoranz in Tatsachen und Literatur zum Schibboleth dient! Jener Mystizismus, der die Zeiten des Mittelalters und seine Institute dem Zeitalter der Mediceer, Ludwigs und Friedrichs vorzieht! Jener Mystizismus, der den wacheren rüstigen Enthusiasmus, der mit der wahren Christusreligion sehr wohl zusammengeht, mit schmachtender Kreuzandächtelei verwechseln möchte! Jener Mystizismus endlich, der mich für die Folgen der gegenwärtigen Zeit zittern macht und mich an diejenigen erinnert, welche gegen das Ende der römischen Monarchie den Verfall der wahren Gelehrsamkeit und des Geschmacks herbeiführten. Denn damals wie jetzt traten neuplatonische Sophisten, gnostische und orphische Schamanen! damals wie jetzt spielte man mit Legenden, mit Deklamationen, mit Amuletten und Symbolen, damals wie jetzt verkrüppelte man die Kunst durch die Anmaßung, sie zu ihrer ersten Einfalt zurückzuführen."[66]

---

[64] Ebd., S. 118.
[65] Vgl. Unverfehrt, Gerd: Caspar David Friedrich, S. 48: „Ramdohr [..]wendet sich zum Schluß seiner Ausführungen gegen die romantische Bewegung insgesamt, der er Mystizismus vorwirft. Mystizismus heißt hier eine Bildsprache, die sich nicht mehr traditioneller und damit allgemeinverständlicher und allgemeingültiger Symbole und Allegorien bedient, sondern eine Bildsprache, die ganz aus dem subjektiven Empfinden des Künstlers entsteht und die ein entsprechend vieldeutiges Vokabular entwickelt."
[66] Zeitung für die elegante Welt. Nr. 15. 21.1.1809, S. 119.

Nach dieser wütenden Abrechnung mit der romantischen Zeitgeistströmung [67] wird der Mystizismus, „das Neue in der Kunst zum Ausdruck drohenden politischen Umsturzes erhoben".[68] Schließlich gibt der Kritiker dem Künstler in einem letzten Satz noch einen jovialen Ratschlag für seine zukünftige Karriere. Ramdohr ruft dem verirrten Maler „wackerer Friedrich" zu und fordert ihn auf, der leicht konsumierbaren, effektheischenden Unterhaltungskunst den Rücken zu kehren und in den bewährten Schoß der differenzierten und regelbestimmten Kunst zurückzufinden. Weniger eigenständiges Arbeiten und stärkere Rückbesinnung auf das Lernen und Wachsen durch Kopieren der alten Meister – so lauten seine Vorschläge an Friedrich und alle Männer „von Genie und Talent."[69]

II. 2. 1. Zusammenfassung

Der Angriff, den Friedrich Wilhelm Basilius von Ramdohr gegen Caspar David Friedrich führt, ist von einer Polemik gekennzeichnet, die bis dahin in der Kunstkritik ohne Beispiel war.[70] Die Ablehnung läßt sich aus der Infragestellung alter Werte, die das Gemälde negiert, erklären. Ramdohr, als ein Vertreter der Aufklärung, des Klassizismus und als Befürworter eines Regelkanons sieht ein am Verstand entwickeltes System durch den *Tetschener Altar* in Gefahr.[71] Seine Kritik richtet sich grundsätzlich gegen den Versuch, ein Naturmotiv zum religiösen, anbetungswürdigen Sujet zu erheben.[72] Erstens spricht er Friedrich das technische Vermögen ab. Zweitens bestreitet er der Landschaftsmalerei die Allegoriefähigkeit und pathologische Wirkung, und drittens benennt er als Ursache der Regelverstöße den Mystizismus, der die Natur zum

---

[67] Vgl. Jensen, Jens Christian: Caspar David Friedrich, S. 78: „Dieser Angriff richtete sich gegen die ganze romantische Bewegung!"
Börsch-Supan, Helmut: Dresden 1803-1809, S. 45: „Es ging um die Abwehr eines neuen Zeitgeistes, der sich in dem Bild besonders kraß manifestierte."
[68] Vgl. Frank, Hilmar: Der Ramdohrstreit. Caspar David Friedrichs „Kreuz im Gebirge", S. 145.
[69] Zeitung für die elegante Welt. Nr. 15, 21.1.1809, S 119.
[70] Börsch-Supan, Helmut. Berlin 1810. Bildende Kunst. Aufbruch unter dem Druck der Zeit. In: Kleist Jahrbuch 1987. Hg. Hans Joachim Kreutzer. Berlin 1987, S. 73.
[71] Vgl. Frank, Hilmar: Der Ramdohrstreit. Caspar David Friedrichs „Kreuz im Gebirge", S. 144: „So widerspricht das ‚Kreuz im Gebirge' allen Traditionen, Normen und Erwartungen. Daß es überhaupt existieren, kann sich der Kammerherr nur als zeitweilige Anomalie erklären."
Hofmann, Werner: Caspar David Friedrich, S. 44: „In die Sprache des heutigen Kunsthistorikers übertragen, liest sich dieser Sachverhalt so: ‚Das Kreuz im Gebirge' ist wesentlich von der Koppelung bzw. Konfrontation verschiedener formaler Höhenlagen (Modi) gekennzeichnet. Sie finden statt erstens innerhalb des Gemäldes, zweitens innerhalb des Rahmens und drittens im Wechselbezug zwischen Rahmen und Bild. Das sind Merkmale, in denen wir heute die innovativen Impulse des ‚Altars' erkennen. Folgerichtig enthalten sie mehrere Brüche mit der Tradition, weshalb ein ebenso kluger wie konservativer Kritiker wie der Kammerherr Friedrich Wilhelm von Ramdohr eine ausführliche Abrechnung schrieb."
[72] Vgl. Börsch-Supan, Helmut: Dresden 1803-1809, S. 45: „Ihren Höhepunkt erreichten die Dresdner Kunstkämpfe im Frühjahr 1809 mit dem Angriff, den Friedrich Wilhelm Basilius von Ramdohr gegen Caspar David Friedrich führte, als dieser Weihnachten 1808 mit dem Versuch aufgetreten war, eine Landschaft zum Altarbild zu erheben."

Mittler zwischen Mensch und Gott erhebe.[73] Die Ausarbeitung seiner Kritik führt teilweise zu Widersprüchen in seinem Argumentationsstrang. Sowohl die Möglichkeiten der Allegorisierung und der pathologischen Rührung in einem Landschaftsbild, als auch der Rahmen und sein Verhältnis zu dem Gemälde werden so differenziert analysiert, daß sich der klare Gedanke der Ablehnung nicht immer stringent und sachlich vermittelt, sondern statt dessen die Polemik in den Vordergrund rückt.[74]

Die Gegenbewegung oder auch Rückbesinnung auf eine nicht rein an der Ratio orientierten Weltanschauung stellt sich für ihn als ein diffuser, substanzloser Mystizismus dar, dem er sogar verschriftlicht nur mit vehementer Ablehnung und zornigem Widerstand begegnen kann.

Die Rezension des Gemäldes, die sich innerhalb einer Woche über vier Ausgaben der Zeitschrift erstreckte, verfehlte ihre Wirkung auf den Kreis der Kunstinteressierten nicht. Der Aufsatz wird von den Anhängern Friedrichs als ungerechte und ungerechtfertigte Abrechnung mit einem jungen Künstler rezipiert und fordert zur Verteidigung des Malers und des verachteten Mystizismus heraus.[75]

II. 3. Reaktionen auf die Rezension Ramdohrs

Im darauffolgenden Monat, am 21. Februar 1809, wird in dem monatlich erscheinenden Dresdener Journal für die Kunst *Phoebus*, dessen Herausgeber Heinrich von Kleist und Adam Müller[76] sind, eine ebenso ausführliche wie gleichsam polemische Gegenkritik des in Dresden ansässigen Malers Ferdinand Hartmann, der in dem Journal für das Ressort Bildende Kunst zuständig ist[77], unter dem etwas ausufernden Titel veröffentlicht:

---

[73] Vgl. Hofmann, Werner: Caspar David Friedrich, S. 46: „...die Landschaft als Anlaß religiöser Meditation. Ramdohr sah in Friedrichs 'schmachtender Kreuzandächtelei' die Anmaßung, die Kunst zu „verkrüppeln" und 'zu ihrer ersten Einfalt zurückzuführen."'
Unverfehrt, Gerd: Caspar David Friedrich, S. 50: „Der Tetschener Altar sprengt in Komposition und Thema vorbereitungslos alle Regeln eines Altarbildes, das sich als gemeinschaftsstiftendes Werk an die versammelten Gläubigen und nicht an das individuelle Empfinden des einzelnen Kenners neuer Kunstauffassungen wendet."
[74] Vgl. Schmied, Wieland: Caspar David Friedrich, S. 58: „...der Kammerherr Friedrich Wilhelm Basilius von Ramdohr, aber meldete sich mit einer weitschweifigen und geharnischten Polemik zu Wort."
[75] Vgl. Frank, Hilmar: Der Ramdohrstreit. Caspar David Friedrichs „Kreuz im Gebirge", S. 142: (Ramdohrs Aufsatz) „war als Signal zum Vernichtungskrieg gegen die gesamte Romantik gedacht und ist von den Zeitgenossen auch sofort in diesem Sinn verstanden worden."
[76] Vgl. Steig, Reinhold: Heinrich von Kleists Berliner Kämpfe, S. 251.
[77] Vgl. Rühle von Lilienstern an Karl Bertuch, 18.12.1807, S. 157. In: Heinrich von Kleists Lebensspuren. Dokumente und Berichte der Zeitgenossen. Erweiterte Neuausgabe. Hg. von Helmut Sembdner. Dokumente zu Kleist. Bd. 1. Frankfurt/Main 1992.

„Über Kunstaustellungen und Kunstkritik – Bei Gelegenheit dessen, was Herr Kammerherr von Ramdohr über ein zum Altarblatte bestimmtes Landschaftsgemälde von Herrn Friedrich und über Landschaftsmalerei, Allegorie und Mystizismus in Nr. 12, 13, 14 und 15 der „Zeitung für die elegante Welt" hat einrücken lassen –

Derjenige Weg, auf dem sich der Mann von Geschmack, der Beschützer, der Führer des Talents um die Ausbildung des Künstlers am meisten verdient machen kann, ist, wie ich glaube, der, daß er den Geist der Originalität in ihm bewahre.
Basilius von Ramdohr. Über Malerei und Bildhauerei in Rom, 3.Teil, S.149"[78]

Stil und Umgangston Ramdohrs werden bemängelt, einzelne Kritikpunkte widerlegt oder mit Gegenargumenten abgewehrt. In Anbetracht der Tatsache, daß sich die Kenntnis des Kritikers auf ein einziges Bild beschränkt, konstatiert der Malerkollege Hartmann, der Kunstkenner Ramdohr werfe sich „mit seinem ganzen Gewichte auf das Talent"[79], um dieses zu vernichten, worauf er in Anspielung auf den erfundenen Kommentar Friedrichs in Ramdohrs Kritik, den Rezensenten ironisiert und Ramdohr gleichfalls fiktiv antworten läßt:

„Ich greife ja mehr den Geist, der aus dem Bilde hervorleuchtet, als das Bild selbst an, ich lehne mich vorzüglich dagegen auf, daß Herr Friedrich einen neuen Weg in der Kunst einschlagen will, daß er nicht dem Beispiele bekannter Meister der Claude Lorrain, Poussin und Ruisdal, und dem was ich in meinen Werken, besonders in meiner Charis über Landschaftsmalerei gelehrt habe, gehörig gefolgt ist."[80]

Darüber hinaus streitet der Künstler Hartmann Ramdohr jegliche Beantwortung der drei Hauptfragen, die der Theoretiker an das Gemälde gestellt hat, ab, empört sich über die ungerechte und unqualifizierte Kritik, und verteidigt Friedrich gegen den Angriff, letztendlich dem Künstler alles und jedes Verdienst abzusprechen. Auf den Vorwurf Ramdohrs, daß Friedrich alle Luftperspektive verbannt und auf der Erde Finsternis verbreitet habe, antwortet Hartmann ihm schlagfertig:

„so dürfen wir diesen Kritiker mit der Blödigkeit seiner Augen um so eher entschuldigen, da seine übrigen Schriften manche Belege von dieser Blödigkeit geben."[81]

Dem Aufsatz ist ein Potpourri aus Ramdohrs Schriften über die Kunst, zwecks Bloßstellung seiner Kenntnis und Gesinnung, angefügt.[82]

Im Februar verfasst der Dresdener Bibliothekssekretär Christian August Semler eine weitere Stellungnahme, die im April in dem monatlich erscheinenden *Journal des Luxus und der Moden* unter der Überschrift *Über einige Landschaften des Malers Friedrich in Dresden*[83] abgedruckt wird. Semler versucht eine ausgleichende Position einzunehmen und zwischen den streitenden Parteien zu schlichten, indem er einerseits Ramdohrs Anklage gegen den neuen Mystizismus bestätigt, andererseits jedoch zum Verständnis der konträren Auffassungen des Gemäldes Stellung bezieht:

---

[78] Hartmann, Ferdinand: XIX Über Kunstausstellung und Kunstkritik. In: Phoebus. Ein Journal für die Kunst. Dresden 1808. Neudruck: München 1924, S. 57-71.
[79] Ebd., S. 60.
[80] Ebd., S. 61.
[81] Ebd., S. 64.
[82] Vgl. Frank, Hilmar: Der Ramdohrstreit. Caspar David Friedrichs „Kreuz im Gebirge", S. 146.
[83] Journal des Luxus und der Moden. Nr.4. Weimar 1809. Hg. Bertuch, C., S. 233-238.

> „Es giebt unter der zahlreichen Gattung allegorischer Bilder eine Art Bilder – und es ließe sich vielleicht erweisen, daß sie nicht zu den verwerflichsten ihrer Gattung gehören – wo es der Künstler gar nicht darauf anlegt, eine bestimmte Gedankenreihe auszudrücken, wo er nur ein paar Symbole einiger vielumfassender Ideen zusammenstellt, und, daß sie aufeinander Beziehung haben, nur im Allgemeinen angedeutet, übrigens aber jedem Anschauer überläßt, sich diese Beziehung nach der individuellen Richtung und Stimmung seines Gemüths weiter auszudenken."[84]

Neben der kognitiven und emotionalen Deutungsoffenheit, die Semler dem Bild grundsätzlich zugesteht, korrigiert Semler die Interpretation des Rahmens durch Ramdohr. Statt ausschließlich auf das Abendmahl oder das Meßopfer hinzudeuten, liest Semler die „theologischen Hieroglyphen" als Zeichen, die auf „gottesdienstliche Verehrung überhaupt"[85] weisen, und lastet es dem Zeitalter an, das sich religiöse Meinungen in den unterschiedlichsten Gestalten äußert.[86] Abschließend lobt Semler das Streben Friedrichs nach „dem Höhern und Vollkommenern" in seiner Kunst, hofft auf „viele Nachfolger"[87] im Sinn und Ausdruck Friedrichs:

> „....die uns in ihren Compositionen mehr, als gewöhnlich geschieht, zu denken gäben; brauchten sie dazu auch nicht die Allegorie, erweckten sie auch nicht gerade christlich-religiöse Vorstellungen,"

und prophezeit:

> „....es ist noch eine weite Bahn offen für die Künstler, welche [..] sich nicht beschränken, sondern Scenen einer idealischen Welt dichten und darstellen wollen, wo alles, wie in dieser sublunarischen Welt so selten der Fall ist, zur vollkommensten, malerischen und poetischen Einheit zusammenstimmt."[88]

Neben der Hoffnung, durch das Kunstwerk Friedrichs der Landschaftsmalerei innovative Impulse zu geben und dabei nicht zwingend religiöse Vorstellungen auszulösen, eröffnet sich der Gattung eine weite Bahn, die insgesamt „idealische" Szenen in ihr Repertoire aufnehmen kann.

Dem Artikel beigefügt ist eine kurze Erklärung Friedrichs,[89] die aus einer Beschreibung des Bildes, einer Beschreibung des Rahmens, der im Auftrag Friedrichs von dem Dresdener Bildhauer Gottlob Christian Kühn angefertigt wurde, und einer religiösen Deutung des Bildes besteht. Friedrich widmet der Beschreibung des Rahmens mit dem allsehenden Auge Gottes im unteren Teil, vom heiligen Dreizack eingeschlossen und mit Strahlen umgeben, genauso viel Raum wie der umstrittenen Deutung des Bildes.[90]

Die Diskussion und Verteidigung um das Gemälde setzt sich am 10. März 1809 in der *Zeitung für die elegante Welt* durch den Dresdener Maler Gerhard von Kügelgen unter der Überschrift:

---

[84] Ebd., S. 236.
[85] Ebd., S. 236.
[86] Ebd., S. 237.
[87] Ebd., S. 237.
[88] Ebd., S. 238.
[89] Ebd., Journal des Luxus und der Moden, S. 239.
[90] Ebd., S. 239.

fort,[92] indem dieser gleich zu Beginn des Aufsatzes auf das beleidigte und tief gekränkte Selbstgefühl des Malers Friedrich verweist, der Absicht Ramdohrs, den in Regellosigkeit irrenden Künstler auf den rechten Weg zurückzuführen, jedoch Achtung zollt. Kügelgen bestätigt sowohl die gründlichen Ausführungen Hartmanns im Phoebus als auch Ramdohrs Kritik am Mystizismus, spricht aber Friedrich von den erhobenen Vorwürfen vollkommen frei. Das Verfahren Ramdohrs bezeichnet der Maler als „diktatorisch"[93] und stellt in der Konsequenz den Beruf des Kunstkritikers in der derzeitigen Situation in Frage. In einer Antwort Ramdohrs mit der Überschrift:

> „Ueber kritischen Despotismus und künstlerische Originalität"[94]

am 20. und 21. März in der gleichen Zeitschrift lehnt Ramdohr jeglichen Despotismus ab, besonders den:

> „Despotismus der Anarchie des Geschmacks und des von ihm geheiligten Grundsatzes leben und leben lassen. Dieser will, wir sollen jede Abenteuerlichkeit in Kunst und Wissenschaft dulden und tragen, entweder weil doch aus dem Chaos durch Zufall Genie hervorwachsen könnte oder damit der liebe augenblickliche Friede und der tägliche Broterwerb nicht gestört werde"[95].

Am 13. April 1809 erscheint ein weiterer Artikel Christian August Semlers in der *Zeitung für die elegante Welt* unter dem Titel *Beilage zu einem Briefe über Friedrichs Landschaften*[96], der den verteidigenden Epilog, welcher aus Versehen nicht im *Journal des Luxus und der Moden* mit abgedruckt worden war, vervollständigt. Neben der Fähigkeit, das „ganze Gemüth"[97] zu ergreifen und zu beschäftigen, gelingt es der Kunst Friedrichs sogar, „Ahnungen des Göttlichen"[98] zu vermitteln. Gleichwohl befürchtet Semler, daß diese Anforderungen allgemein zu hoch sind, da es leichter ist nur nachzuahmen, als zusätzlich aus „der Fülle des eigenen Gemüths"[99] eine Landschaft zu schaffen und zu erfinden. Mit dieser Vision endet „vorerst" der Streit um die Qualität der Kunst Friedrichs in der Öffentlichkeit.

---

[91] Zeitung für die elegante Welt. Nr. 49, 10.3.1809, S. 389-392.

[92] Vgl. Weiss, Herrmann F.: Funde und Studien zu Heinrich von Kleist, S. 151 macht auf einen unbekannten Brief Kügelgens an den Verleger Mahlmann aufmerksam, indem Kügelgen mitteilt, daß er sowohl seine Entgegnung abmildernd überarbeitet habe, und S. 153 als auch die Zeitungsredaktion selbst dem Aufsatz „alle Spitze abgeknickt" habe.

[93] Zeitung für die elegante Welt. Nr. 49, 10.3.1809, S. 389.

[94] Zeitung für die elegante Welt. Nr. 56, 20.3.1809, S. 446-448, Nr. 57, 21.3.1809, S. 453-456.

[95] Ebd. Nr. 56, 20.3.1809, S. 447.

[96] Zeitung für die elegante Welt. Nr. 73, 13.4.1809, S. 579-581.

[97] Ebd., S. 580.

[98] Ebd., S. 580.

[99] Ebd., S. 581.

Die über einen Zeitraum von drei Monaten veröffentlichten Kommentare zu dem Gemälde und der Kunstauffassung Caspar David Friedrichs bewegen Zeitgenossen gleichfalls in privaten Äußerungen zu Stellungnahmen. Auch Rühle von Lilienstern, ein Jugendfreund Kleists, der mit einer finanziellen Einlage am *Phoebus* beteiligt und in Dresden ansässig ist, tritt in Briefen als Verteidiger Friedrichs auf.[100] Dieser wird zu einem vieldiskutierten Thema in der Kunstszene. Er ist umstritten und wird dadurch bekannt. Während dieser Zeit lebt und arbeitet Kleist noch in Dresden und erfährt deshalb die Auseinandersetzung vor Ort. Die hohe Auflage der *Zeitung für die elegante Welt*, die Veröffentlichung des Aufsatzes von Hartmann in der letzten Ausgabe der Zeitschrift *Phoebus* und die Position des Freundes Rühle von Lilienstern in privaten Äußerungen gelten nicht nur als Beweise für die nähere Kenntnis Kleists um „die von Ramdohr ausgelöste Kunstfehde,"[101] sondern ordnen ihn auch in das Umfeld der Verteidiger Friedrichs ein. Auch wenn 1809 keine öffentliche Stellungnahme Kleists erfolgt, wird der Dichter den Streit um Friedrich nicht vergessen.

Daß die Auseinandersetzung auch überregionale Kreise gezogen hat, zeigt der Disput, der zwischen Kleist und Brentano/Arnim entfacht. Noch achtzehn Monate später erinnern sich Kunstschaffende in Berlin an die Diskussion und beziehen sich in ihrer Kritik des neuesten Werkes von Friedrich auf die von Ramdohr erhobenen Vorwürfe.

---

[100] Vgl. Caspar David Friedrich: Caspar David Friedrich in Briefen und Bekenntnissen. Hg. von Sigrid Hinz. München 1968, S. 183-195.
[101] Vgl. Müller, Gernot: Man müßte auf dem Gemälde selbst stehen, S. 206.

II. 4. Berlin 1810 – Die Kunstausstellung

Nach der Niederlage gegen die napoleonischen Truppen am 14. Oktober 1806 in Jena und Auerstedt muß das Preußische Herrscherpaar Berlin verlassen und zieht sich nach Ostpreußen zurück. Die französische Besatzung zieht am 3. Dezember 1808 aus Berlin ab. König Wilhelm III. und seine Gemahlin Königin Luise kehren ein Jahr später, 1809, zu Weihnachten unter großem Jubel der Bevölkerung nach Berlin zurück. Am 19. Juli 1810 stirbt überraschend die überaus beliebte Königin im Alter von 34 Jahren.[102]

Als am 23. September 1810 die Kunstausstellung im Marstallgebäude Unter den Linden mit über 400 Exponaten eröffnet wird, stehen die bis dahin fertiggestellten Portraits der verstorbenen Königin im Mittelpunkt des allgemeinen Interesses.[103] Es entsteht ein Wettstreit zwischen den Portraits des jungen Wilhelm Schadow, Sohn des Vizedirektors der Berliner Akademie Johann Gottfried Schadow und die künstlerische Autorität in Berlin, und Friedrich Bury, Freund Goethes und Lehrer der Schwestern des Königs, der Prinzessin Wilhelmine von Oranien und der Prinzessin Auguste von Hessen. Die beiden Damen sind ebenfalls mit Arbeiten vertreten und finden im Vorwort des Ausstellungskataloges eine besondere Erwähnung. Die prominente Beteiligung tut ihr Übriges, um der Ausstellung ein besonderes Gewicht zu verleihen. Der König erklärt Schadows Portrait seiner verstorbenen Gemahlin für das Gelungenere und erregt mit seiner Wahl Aufsehen und Widerspruch.[104]

---

[102] Vgl. Börsch-Supan, Helmut: Berlin 1810, S. 52, 53.
Gerlach, Kurt: Heinrich von Kleist – Sein Leben und Schaffen in neuer Sicht. Dortmund 1972, S. 12: „Nach Pfuel ist uns überliefert, daß er, Kleist, Adam Müller und dessen Frau nach dem Tod der Königin Luise sich in vier Berliner Kirchen verteilt haben, um die Leichenpredigten der Königin durch Schleiermacher und drei andere Prediger zu hören."
[103] Vgl. Börsch-Supan, Helmut: Berlin 1810, S. 70: „Die bildenden Künstler haben auf den Tod der Königin Luise sehr lebhaft reagiert, und sie konnten es leicht, weil es dafür – zum Teil wenigstens – vorbereitete Formen gab. [...] Seit ihrem Tod setzte die Königin Luise eine Art ideologisches Gegenstück zu Friedrich dem Großen. Ihre Verehrung mit den Mitteln der Kunst unterschied sich jedoch deutlich von der des großen Königs, nicht nur, weil die Zeit sich gewandelt hatte, sondern auch, weil die Verehrung einer Frau galt. Die Denkmäler bezogen sich weniger auf die Lebensleistung als auf ihren Tod. [...] Die Künstler kleideten ihre Empfindungen und Gedanken in allegorische Szenen oder legten sie in Portraits, die damit bisweilen den Charakter von Kultbildern annahmen. Unmittelbar nach dem Tod setzte die Produktion von Werken ein, die der Erinnerung dienten: Medaillen, Tassen mit ihrem Bildnis, Kupferstiche und anderes....."
[104] Petra Maisak / Hartwig Schultz: Verschiedene Empfindungen bei einem Berliner Ausstellungsbesuch. Ungedruckte Texte aus dem Nachlaß Clemens Brentanos. In: Jahrbuch des Freien Deutschen Hochstifts. Hg. Christoph Perels. Tübingen 1991, S. 122: „Mit Bury (1763 –1823) und Schadow (1788-1862) trafen zwei Generationen und zwei widersprüchliche Kunstauffassungen aufeinander, die dem alten Streit zwischen Idealität und Naturnähe neue Nahrung gaben. Bury war dem Vorbild der großen Kunst der Antike und der Renaissance verpflichtet. [...] Der an der Berliner Kunstakademie ausgebildete Schadow hatte seinen eigenen Stil noch nicht gefunden, tendierte aber bereits zur Romantik hin. Am 3. November 1810, einen Tag vor Ende der Ausstellung, ging er nach Italien und schloß sich in Rom bald den Nazarenern an."

Dem Ausstellungskatalog ist zu entnehmen, daß professionelle Arbeiten aus den Künsten der Malerei, Architektur, Bildhauerei und Graphik gezeigt wurden, aber auch Schüler der Akademie, Kunsthandwerker und Dilettanten ausstellen durften.[105] Den Besuchern wird viel geboten. Über 400 Exponate werden zur Beschauung und Beurteilung gezeigt. Neben den Berliner Künstlern präsentieren sich zum ersten Mal auch Kunstschaffende von Außerhalb, deren Werke zum Teil mit Verspätung eintreffen. Aus Dresden ist Gerhard von Kügelgen mit sechs Bildern, *Apollo und Hyazinth*, *Die Verkündigung Mariens*, Porträts von *Goethe* und *Wieland*, einem Selbstbildnis[106] und *Die Bildnisse der Zwillingsbrüder Karl und Gerhard von Kügelgen*[107] vertreten (also mit zwei Historiengemälden und vier Portraits).

Auch Caspar David Friedrich wird erst im Nachtrag des Katalogs erwähnt. Er hat *Zwei Landschaften in Öl*, die als Pendants verstanden wurden und *Eine Zeichnung in Bistre*[108] eingereicht. Bis zur Übersendung hatte Friedrich an dem einen Bild, der *Seelandschaft*, gearbeitet. Das Gemälde war bereits 1808 angefangen worden, wurde aber mehrfach übermalt. Es ist das erste Mal, daß Friedrich nach dem Streit um den *Tetschener Altar* wieder mit Ölgemälden an die Öffentlichkeit tritt.[109]

Aus Weimar schickt Carl Gottlieb Weißer eine Goethe- und eine Büste der Erbprinzessin.[110] Aber nicht nur Künstler aus Sachsen, sondern auch Künstler, die sich in Rom weiterbilden, schicken ihre Arbeiten nach Berlin. Die Ausstellung hat ein überregionales, wenn nicht gar internationales Flair, und stellt somit ein Ereignis dar, das in Berlin erhebliches Aufsehen erregt und zahlreiche Besucher anzieht.[111] Nach dem Ende der Ausstellung, um den 2. November 1810, unterrichtet

---

[105] Vgl. Die Kataloge der Berliner Akademie-Ausstellungen 1786-1850, bearbeitet von Helmut Börsch-Supan, Bd. 1. Berlin 1971.

[106] Ebd., S. 45.

[107] Ebd., S. 6 im Nachtrag.

[108] Ebd., S. 45.

[109] Börsch-Supan, Helmut / Jähning, Karl Wilhelm: Caspar David Friedrich. Gemälde, Druckgraphik und bildmäßige Zeichnungen. München 1973, S. 26: „Bald nach der Vollendung des Tetschener Altars nahm Friedrich mit dem „Mönch am Meer" ein neues, im Format noch größeres Hauptwerk in Angriff, [...] Hatte er mit dem „Tetschener Altar" schon den Widerspruch der Kritik herausgefordert, so hat es nun den Anschein, als wollte Friedrich mit dieser neuen Landschaft das Äußerste versuchen. Es lassen sich vier verschiedene Zustände im Verlauf einer Arbeit von etwa eindreiviertel Jahren an dem Bild nachweisen [...] Diese Überarbeitungen zeigen, mit welcher Vorsicht und mit welchen Bedenken Friedrich die radikalste seiner Bildbesprechungen wagte. Die reichere Komposition des Gegenstückes „Abtei im Eichwald" ist dagegen offenbar müheloser zustande gekommen." Börsch-Supan, Helmut: Berlin 1810, S. 72: „Wichtiger als die Künstler aus Rom waren zwei aus Dresden. Gerhard von Kügelgen schickte sechs Gemälde [...] Weit mehr als diese Werke erregten die beiden Gemälde Caspar David Friedrichs Aufsehen. Mit ihnen [...] trat Friedrich erstmals vor die Berliner Öffentlichkeit."

[110] Ebd., S. 5 im Nachtrag.

[111] Vgl. Steig, Reinhold: Heinrich von Kleists Berliner Kämpfe, S. 249 spricht von „hauptstädtisches Ereigniß". Maisak, Petra/ Schultz, Hartwig: Verschiedene Empfindungen bei einem Berliner Ausstellungsbesuch, S. 119: „Mit der Ausstellung von 1810 wurde erstmals der Anspruch erhoben, weiter auszugreifen und auch auswärtige Künstler von überregionalem Rang einzubeziehen, und S. 120 zählt die in Rom lebenden Künstler auf, u.a. Joseph Anton Koch, Johann Christian Reinhart, Gottlieb Schick.

Brentano die Brüder Jakob und Wilhelm Grimm nicht nur überblickshaft von dem Ereignis, sondern spart auch nicht mit einem Kommentar zu einzelnen Malern:

> „In den lezten sechs Wochen hat uns und die Ganze Stadt die Ausstellung der Gemählde dieses Jahres hier unterhalten, Buris Bilder, und die Zeichnungen der Kurprinzessin waren alle da, zugleich eine Menge Portraits vom jungen Schadow, welche jung und bunt und besoffen, gegen die Burische Reifheit, Kälte, Größe und Steifheit die Leute sehr einnahmen, und daher ein lächerliche Oposition erregten, Kohlrausch, der Geh. Ober Medizinalrath ist und in der Charité wohnt, hatte alle seine Zeichnungen hingeschickt, von Küchelchen in Dresden waren 5 Bilder da grosse un[d] kleine, nach meiner Empfindung schlecht, von Friedrich seltsame Graue Winterkirchhöfe im Nebel Mondschein mit Kapuziner Ruinen Kapellen Leichbegängnißen vortrefflich ect. Auch Tiedgens und Fr. von der Ecks Büsten Marmor Collosal von Thorwaldsen in Rom vortrefflich, wenn man sehr häßliche und dumme Leute schön und Collosal machen kann, beide sind hier, zugleich auch eine sehr treffende Satire auf Tiedgens Urania, Rhinozerus bei Carl Stein in Nürnberg, sie ist von Wetzel in Dresden, Tiedge hat eine sehr grose Nase, und in dem Gedicht wird Zweifel und Ueberzeugung derselben grade so durchgeführt, wie in Urania die Unsterblichkeit."[112]

Neben dem hohen Unterhaltungswert, den die Ausstellung den Berlinern insgesamt bereitet hat, weist auch Brentano auf die Konkurrenz zwischen Bury und Schadow hin und bekennt sich zu der normabweichenden Kunst Schadows. Seiner ablehnenden Meinung über die Werke Kügelgens verleiht er noch zusätzlich durch die Verballhornung des Namens Ausdruck.[113] Die Bilder Friedrichs sind in die allgemeine Aufzählung der Teilnehmer eingeschoben und werden in ihren Motiven vermengt erwähnt. Seine für die Abendblätter verfaßte und mit seinen Initialen gedruckte aber gekürzte Rezension bleiben ungenannt.

II. 5. Die Berliner Abendblätter

Eine Woche, nachdem in Berlin die Akademieausstellung über zeitgenössische Kunst für einen Zeitraum von sechs Wochen eröffnet worden ist, erscheinen am 1. Oktober zum ersten Mal die *Berliner Abendblätter* im neuen, ungewöhnlichen Oktavformat, mit sehr kleinem Schriftbild, vierseitig und billig, „eine ideale Wurstzeitung",[114] deren verantwortlicher Redakteur, Lektor, Sekretär und Herausgeber in Personalunion, der Dichter Heinrich von Kleist ist. Die Zeitung wird täglich, außer sonntags, angeboten und ist zwischen fünf und sechs Uhr abends[115] in dem

---

[112] Brentano, Clemens: Sämtliche Werke und Briefe. Bd 32. Hg. Jürgen Behrens, Konrad Feilchenfeldt u.a., Stuttgart 1996, S. 289.

[113] Vgl. Petra Maisak / Hartwig Schultz: Verschiedene Empfindungen bei einem Berliner Ausstellungsbesuch, S. 114.

[114] Vgl. Wilhelm Grimm an Paul Wigand in Höxter. Kassel 18. Nov. 1810. In: Sembdner, Helmut: Heinrich v. Kleists Lebensspuren. Bd.1, S. 336.

[115] Vgl. Sembdner, Helmut: Die Berliner Abendblätter Heinrich von Kleists, ihre Quellen und ihre Redaktion, S. 2: „Die abendliche Ausgabe der Abendblätter war insofern zweckmäßig, als es Kleist dadurch möglich wurde, die Polizeirapporte des gleichen Tages zu bringen und über am Tage vorgefallene Ereignisse zu berichten (z.B. über die Luftschiffahrt des Claudius am 15. Okt.). Außerdem konnte zu ihrer täglichen Versendung nach auswärts der Abgang der Posten benutzt werden, wie aus der Ankündigung des zweiten Quartals hervorgeht. Die Versendung in Monatslagen, von denen Steig spricht, fand nur für den Bezug durch Buchhandlungen statt; mit Beginn des Kuhn-Quartals erhielten auch diese die Abendblätter zweimal wöchentlich zugesandt."

Ausgabelokal Hinter der katholischen Kirche Nr 3 erhältlich. [116] Zu lesen gibt es einen verhältnismäßig groß gedruckten Leitartikel, die neuesten, auch überregionalen Nachrichten aus Politik und Gesellschaft, Anekdoten und Gerüchte, Literatur– und Theaterkritiken, Gedichte und Novellen, exklusiv die aktuellen Berliner Polizei-Rapporte und „Berichte verschiedenster Art, zum Beispiel über die in anderen Blättern nicht einmal erwähnte Eröffnung der Berliner Kunstausstellung Ende September."[117] Ausgelöst durch den Tod der Königin, widmet sich die erste, über immerhin sieben Ausgaben erstreckende, gleichwohl konventionelle Besprechungsserie von Ludolph Beckedorff deren publikumswirksamen Portraits, um sich in den weiteren Ausgaben der Gattung allgemein anzunehmen.[118] Ein geschickter Schachzug der *Berliner Abendblätter*, aktuell auf zeitgenössische Kunst zu reagieren und in der Zeitung ein Forum zu bieten.

Bereits am 5. Oktober 1810 erscheint eine ausführliche Ankündigung in einem Extrablatt, das wegen der hohen Nachfrage einen neuen Ausgabeort in Berlin, die „Leihbibliothek des Herrn Kralowsky in der Jägerstraße Nr. 25 Parterre"[119], ankündigt. Der Erfolg des „Abendblättchen" ist so überwältigend, daß „Wache nöthig war, um das andringende Publikum vom Stürmen des Hauses der Verlegers abzuhalten."[120] Die „Wurstzeitung" ist ein Renner!

---

[116] Vgl. ebd., S. 6.
[117] Maas, Joachim: Kleist. Die Geschichte Seines Lebens. Bern, München 1977, S. 296.
[118] Vgl. Petra Maisak / Hartwig Schulz: Verschiedene Empfindungen bei einem Berliner Ausstellungsbesuch, S. 121: „erscheint vom 6. bis zum 19. Oktober in mehreren Folgen die konservative, wenig originelle Besprechung 'Kunst Ausstellung` von Ludolph Beckedorff."
[119] Vgl. Heinrich von Kleist: B. A. I, S. 31.
[120] Karl August von Stägemann an Johann George Scheffner am 9.10.1810. In: Brandenburger Kleist-Blätter 11, Chronik, S. 371.

III. Clemens Brentanos und Achim von Arnims Reaktion auf eine *Landschaft in Öl* von Caspar David Friedrich

Als Brentano im Herbst 1810 die Kunstausstellung in Berlin besucht, steht er einerseits begeistert und andererseits ratlos vor den Gemälden Caspar David Friedrichs,[121] besonders das graue, nackte Wasserbild irritiert und beeindruckt ihn nachhaltig.[122] Er sieht sich angesprochen, aber in seiner Reduktion sprengt es alle Konventionen der Landschaftsmalerei. De facto sind auf dem Bild ein Strand, Meer und Himmel zu sehen. Eine kleine braungewandete Figur, die einzige Vertikale, steht im Vordergrund auf dem Sand. „So schafft das Bild einen nachhaltigen Eindruck von Leere, Leblosigkeit und ungeheurer Tiefe.“[123]

Der These folgend, daß der Streit um den *Tetschener Altar* in seiner argumentativen Schärfe und Polemik ein herausragendes publizistisches Ereignis in der Kunstkritik darstellt,[124] soll im Folgenden ein Zusammenhang zwischen der Ramdohr-Kritik und dem Brentano/Arnim-Aufsatz hergestellt und nachgewiesen werden. Denn der Streit ist in der Rezipientenwahrnehmung besonders Kunstschaffender langfristig abgespeichert worden. Die Argumente der Anklage und der Verteidiger sind durch die Emotionalität, mit der diese Grundsatzdiskussion geführt wurde, in besonderem Maße präsent geblieben. Details mögen für das Langzeitgedächtnis verloren gegangen sein, aber die Hauptangriffe können - einerseits durch die kognitiv/emotionale Doppelcodierung und andererseits durch den langen Zeitraum, in dem das Bild, der Maler und die Vorwürfe in der Öffentlichkeit besprochen wurden - bei Bedarf wieder abgerufen werden. Hinzu kommt, daß nach dem Erstlingswerk in Dresden zum zweiten Mal Gemälde in Öl des Künstlers präsentiert werden - und diese außerhalb der Landesgrenzen Sachsens. Der Künstler setzt sich einer Beurteilung auf überregionalem Terrain aus. Die neuen Bilder werden mit dem Erstlingswerk verglichen und gemessen werden.

---

[121] Vgl. Petra Maisak / Hartwig Schulz: Verschiedene Empfindungen bei einem Berliner Ausstellungsbesuch, S. 110: „Brentano schwankte von Anfang an zwischen begeisterter Zustimmung und Ablehnung.“
Vgl. Steig, Reinhold: Heinrich von Kleists Berliner Kämpfe, S. 263: „Friedrich nämlich hatte auf die Berliner Ausstellung zwei Landschaften in Oel geschickt, von denen die eine, eine Seelandschaft sofort wieder die verschiedensten, mit Leidenschaft verfochtenen Ansichten hervorrief.“
[122] Vgl. Le Bris, Michael: Die Romantik in Wort und Bild. Stuttgart 1981, S. 77.
[123] Vgl. Greiner, Bernhard: Kleists Dramen und Erzählungen. Experimente zum „Fall“ der Kunst, S. 26.
Peters, Sybille: Heinrich von Kleist und der Gebrauch der Zeit. Von der Machart der Berliner Abendblätter, S. 74 schreibt Peters dazu: „Angesichts der Leere des Bildes und des Mangels an perspektivischer und gegenständlicher Orientierung verwandelt sich allein durch die Figur des Kapuzinermönches eine düstere Anordnung von Farbschichten überhaupt in die Darstellung einer Landschaft.“
[124] Vgl. Börsch-Supan, Helmut: Berlin 1810, S. 75: (der Tetschener Altar) „hatte zwischen [..] Ramdohr und Friedrichs Freunden eine Fehde ausgelöst, die an Heftigkeit – auf dem Gebiet der Kunstkritik wenigstens – bisher beispiellos war.“

Stellt man also eine kausale Verknüpfung zwischen dem Ramdohrstreit[125] und dem Aufsatz von Brentano/Arnim (und später auch von Kleist) her und greift die prominenten Vorwürfe auf, verändert die Reihenfolge, erinnert sich zunächst der von Ramdohr wiederholt geäußerten Zweifel:

Erstens: „Ob der nachbildende Künstler losarbeiten solle auf pathologische Rührung, das heißt, auf die Erregung eines affektvollen Zustandes in dem Beschauer, wie er ihn etwa von den dargestellten Sujets in der Natur selbst erhalten würde."

Zweitens: Ob die Landschaft zur Allegorisierung oder zur Erweckung der Andacht zu gebrauchen ist und erinnert sich der empörten Antwort Ramdohrs: „In der That, es ist eine wahre Anmaßung, wenn die Landschaftsmalerei sich in die Kirche schleichen und auf Altäre kriechen will."

Drittens: Ob es der Würde der Kunst angemessen ist, durch solche Mittel zur Devotion einzuladen, und hängt die ursprünglich erste Frage nach den technischen Vorzügen der Landschaftsmalerei an den Schluß, so liest sich der Aufsatz von Brentano/Arnim wie eine Reaktion auf Ramdohr.[126]

Zieht man zusätzlich den Umstand in Erwägung, daß Ludolph Beckedorff über mehrere Ausgaben eine wenig originale Kritik über die Portraitmalerei für die *Berliner Abendblätter* verfaßt hat, in der er sich auf die Seite des etablierten Malers Friedrich Bury und gegen den „jungen Wilden" Wilhelm Schadow stellt, läßt sich auf ein doppeltes Motiv, eine Kunstkritik zu verfassen, schließen.

Brentano verfolgt mit seinem Aufsatz zwei Ziele: Einerseits setzt er sich mit den Vorwürfen Ramdohrs auseinander, sieht das Gemälde vor allem als ein potenzielles Altarbild, das pathologische Rührung erzeugen soll,[127] und andererseits bedient er die Unterhaltungsnachfrage der *Berliner Abendblätter* durch eine satirische Kunstkritik.[128]

---

[125] Vgl. Müller, Gernot: Man müßte auf dem Gemälde selbst stehen, S. 206. Müller sieht grundsätzlich auch eine Verbindung zur Ramdohr-Fehde, zieht aber andere Konsequenzen.

[126] Burwick, Roswitha: Verschiedene Empfindungen vor Friedrichs Seelandschaft: Arnim, Brentano, Kleist. In: Zeitschrift für deutsche Philologie. Hg. Werner Besch, Hugo Moser u.a. Bd. 107. Sonderheft. Berlin 1988, S. 37. Burwick liest den Aufsatz als Reaktion auf Ferdinand Hartmann. „Während Ramdohr scharf verurteilte, plädierte vor allem Hartmann für mehr Toleranz in der Kritik und schlug dazu die offenen Formen des Dialogs vor, in dem die Zuschauer mehr als ‚Organ des Publikums` erschienen."

[127] Vgl. Begemann, Christian: Brentano und Kleist vor Friedrichs Mönch am Meer, S. 206 sieht zwar auch eine Verbindung zwischen dem Ramdohrstreit und der Brentano/Arnim – Kleist Rezension, allerdings konzentriert sich seiner Meinung nach die Differenz zwischen Brentano und Kleist auf den Konflikt zwischen pathologischer und ästhetischer Rührung. Die Möglichkeit die „Seelandschaft" als Altarbild wahrzunehmen, zieht Begemann nicht in Betracht.
Kurz, Gerhard. Vor Einem Bild, S. 133: „Vermutlich ist dieser Text, vor allem die folgenden Dialogpartien, konzipiert worden vor dem Hintergrund des Ramdohr-Streits als Persiflage zeitgenössischer Reaktionen auf Friedrichs Bild, mit witzig-frivolen Anspielungen auf Edward Youngs „Night Thoughts" und Gotthilf Heinrich

In dem bereits erwähnten Brief an die Brüder Grimm beschreibt Brentano seine Mitarbeit an den *Berliner Abendblätter*:

> „...der Phöbus Kleist, ein sehr kurioser guter, bornirter, dummer, eigensinniger, mit langsamem Consequenz Talent herrlich ausgerüsteter Mensch, [...], giebt bei Hizzig Berliner Abendblätter täglich ein Blatt heraus, wenn uns was begegnet geben wir es ihm, es steht viel langeweile und Müllersches Vornehme Wesen, und manche gute Anecktode drinn."[129]

Der Hinweis auf die Mitarbeit bei den *Berliner Abendblätter* läßt folgende Schlußfolgerung zu: Brentano schreibt erstens als freier Mitarbeiter, zweitens nur, wenn er Lust hat, und drittens wird er alles „langweilige" und „vornehme" Schreiben vermeiden.

III. 1. *Verschiedene Empfindungen vor einer Seelandschaft von Friedrich, worauf ein Kapuziner*, veröffentlicht 1826 in der Iris.[130]

> Es ist herrlich, in unendlicher Einsamkeit am Meeresufer unter trübem Himmel auf eine unbegrenzte Wasserwüste hinzuschauen, und dazu gehört, daß man dahingegangen, daß man zurück muß, daß man hinüber möchte, daß man es nicht kann, daß man alles zum Leben vermißt, und seine Stimme doch im Rauschen der Flut, im Wehen der Luft, im Ziehen der Wolken, in dem einsamen Geschrei der Vögel vernimmt; dazu gehört ein Anspruch, den das Herz macht, und ein Abbruch, den einem die Natur tut. Dieses aber ist vor dem Bild unmöglich, und das, was ich in dem Bilde finden sollte, fand ich erst zwischen mir und dem Bilde, nämlich einen Anspruch, den mir das Bild tat, indem es denselben nicht erfüllte; und so wurde ich selbst der Kapuziner, das Bild ward die Düne, das aber, wo hinaus ich mit Sehnsucht blickte, die See, fehlte ganz. Dieser wunderbaren Empfindung nun zu begegnen, lauschte ich auf die Äußerungen der Verschiedenheit der Beschauer um mich her, und teile sie als zu diesem Bild gehörig mit, das durchaus Dekoration ist, vor welchem eine Handlung vorgehen muß, indem es keine Ruhe gewährt.
> Eine Dame und ein Herr, welcher vielleicht sehr geistreich war, traten auf; die Dame sah in ihr Verzeichnis und sprach:
> „Nummer zwei; Landschaft in Öl. Wie gefällt sie Ihnen?"
> Herr: Unendlich tief und erhaben.
> Dame: Sie meinen die See, ja die muß erstaunlich tief sein, und der Kapuziner ist auch sehr erhaben.
> Herr: Nein, Frau Kriegsrat, ich meine die Empfindung des einzigen Friedrichs bei diesem Bilde.
> Dame: Ist es schon so alt, daß er es auch gesehen?
> Herr: Ach, Sie mißverstehen mich, ich rede von dem Maler Friedrich; Ossian schlägt vor diesem Bilde in die Harfe. (Ab)
> Zwei junge Damen

Schuberts „Ansichten von der Nachtseite der Naturwissenschaften", die 1808 erschienen waren. Dabei bleibt aber der Text nicht stehen. Unter dem Anschein der Persiflage geht es in diesem Text um essentielle ästhetische Probleme, denen freilich ironische Lichter aufgesteckt werden." Kurz sieht zwar einen Zusammenhang zum Ramdohr-Streit, zieht jedoch in seiner Besprechung keine Konsequenzen für die Prosaeinleitung der Rezension.
128 Hartwig Schultz: Schwarzer Schmetterling. Zwanzig Kapitel aus dem Leben des romantischen Dichters Clemens Brentano. Berlin 2000, S 245: „Vermutlich wollen die beiden Freunde auf eine sehr konventionell geratene Ausstellungsrezension von Ludolph Beckedorff reagieren, die bereits in den Abendblättern erschienen war."
129 Vgl. Clemens, Brentano: Sämtliche Werke und Briefe. Bd. 32. Stuttgart 1996, S. 289.
130 Clemens Brentano: Werke. Bd. 2. München 1963, S. 1034-1038.
Im Folgenden wird der ganze Aufsatz zitiert, der in der Brentanoausgabe von 1963 veröffentlicht ist. (Es handelt sich um die Fassung von 1826 aus der *Iris, Unterhaltungsblatt für Freunde des Schönen und Nützlichen*, Hg.: *Iris Brönner. Frankfut/Main 1826*). Einerseits, um auf die radikale Verkürzung, die Kleist vorgenommen hat, aufmerksam zu machen, andererseits, um im weiteren Verlauf auf die Unterschiede in der erhaltenen Handschrift der Prosaeinleitung hinzuweisen.

Erste Dame: Hast du gehört, Louise? Das ist Ossian.

Zweite Dame: Ach nein, du mißverstehst ihn, es ist der Ozean.

Erste Dame: Er sagte aber, er schlüge in die Harfe.

Zweite Dame: Ich sehe aber keine Harfe. Es ist doch recht graulich anzusehen. (Ab)

Zwei Kunstverständige

Erster: Ja wohl, graulich, es ist alles ganz grau; wie der nur solche trockene Dinge malen will!

Zweiter: Sie wollen lieber sagen, wie er so nasse Dinge so trocken malen will.

Erster: Er wird es wohl so gut malen, als er kann. (Ab)

Eine Erzieherin mit zwei Demoiselles

Erzieherin: Dies ist die See bei Rügen.

Erste Demoiselle: Wo Kosegarten wohnt.

Zweite Demoiselle: Wo die Kolonialwaren herkommen.

Erzieherin: Warum er nur so trübe Luft gemalt. Wie schön, wenn er im Vordergrund einige Bernsteinfischer gemalt hätte.

Erste Demoiselle: Ach ja, ich möchte mir selbst einmal eine schöne Schnur Bernstein zusammenfischen. (Ab)

Eine junge Frau mit zwei blonden Kindern und ein Paar Herrn

Herr: Herrlich, herrlich, dieser Mann ist doch der einzige, der in seinen Landschaften ein Gemüt ausdrückt, es ist eine große Individualität in diesem Bilde, die hohe Wahrheit, die Einsamkeit, der trübe schwermutsvolle Himmel, er weiß doch was er malt.

Zweiter Herr: Und malt auch, was er weiß, und fühlt es, und denkt es, und malt es.

Erstes Kind: Was ist denn das?

Erster Herr: Das ist die See, mein Kind, und ein Kapuziner, der daran spazieren geht und traurig ist, daß er keinen so artigen Jungen hat wie du.

Zweites Kind: Warum tanzt denn der Kapuziner nicht vorn herum, warum wackelt er nicht mit dem Kopfe, wie im Schattenspiel? Das wäre doch schöner.

Erstes Kind: Es ist wohl so ein Kapuziner, der das Wetter anzeigt, wie der vor unserem Fenster?

Zweiter Herr: Nicht ein solcher, mein Kind, aber auch er zeigt das Wetter an, er ist die Einheit in der Allheit, der einsame Mittelpunkt in dem einsamen Kreis.

Erster Herr: Ja, er ist das Gemüt, das Herz, die Reflexion des ganzen Bildes in sich und über sich.

Zweiter Herr: Wie göttlich ist diese Staffage gewählt, sie ist nicht wie bei den ordinären Herrn Malern ein bloßer Maßstab für die Höhe der Gegenstände, er ist die Sache selbst, er ist das Bild, und indem er in diese Gegend wie in einen traurigen Spiegel seiner eigenen Abgeschlossenheit hinein zu träumen scheint, scheint das schifflose einschließende Meer, das ihn wie sein Gelübde beschränkt, und das öde Sandufer, das freudenlos wie sein Leben ist, ihn wieder wie eine einsame, von sich selbst weissagende Uferpflanze symbolisch hervorzutreiben.

Erster Herr: Herrlich, gewiß, Sie haben recht; (zur Dame:) aber, meine Liebe, Sie sagen ja gar nichts.

Dame: Ach, es ist mir vor dem Bilde wie zu Haus. Es rührt mich recht, es ist doch recht natürlich, und als Sie so sprachen, war es mir gerade so undeutlich wie sonst, wenn ich mit unseren philosophischen Freunden am Meere spazieren ging; nur wünschte ich, daß eine frische Seeluft wehte und ein Segel herantriebe, und daß eine Sonnenblick niederglänzte und das Wasser rauschte; so ist mirs als wie Alpdrücken und Sehnsucht nach dem Vaterland im Traum; Kommt weiter, es macht mich traurig. (Ab)

Eine Dame und ein Führer

Dame (steht lange stumm): Groß, unbegreiflich groß! Es ist, als wenn das Meer Youngs Nachtgedanken hätte.

Herr: Sie meinen, als wenn sie dem Kapuziner hineingefallen wären?

Dame: Wenn Sie nur nicht immer spaßten und einem die Empfindung störten: Sie empfinden heimlich doch dasselbe, aber Sie wollen im Andern belachen, was Sie in sich verehren. Ich sage, es ist als wenn das Meer Youngs Nachtgedanken hätte.

Herr: Und ich sage Ja, und zwar die Karlsruher Nachdruck und das Bonnet de Nuit von Mercier dazu, und Schuberts Ansicht der Natur von der Nachtseite obenein.

Dame: Ich kann Ihnen nicht besser antworten, als mit einer parallelen Anekdote: Da der unsterbliche Klopstock zum ersten Male in seinen Gedichten gesagt hatte: „Die Morgenröte lächelt, sagte Madame Gottsched, indem sie es las: „Was macht sie denn für ein Mäulchen?"

Herr: Gewiß kein so schönes wie das Ihre, indem Sie das sagen.

Dame: Nun fallen Sie in das Fatale.

Herr: Und Gottsched gab seiner Frau ein Mäulchen für das Bonmot.

Dame: Ich soll Ihnen wohl gar eine Nachtmütze für das Ihrige geben, aber Sie sind selbst eine.

Herr: Nein, lieber eine Ansicht Ihrer Natur von der Nachtseite.

Dame: Sie sind unartig.

Herr: Ach, wenn wir da miteinander ständen, wie der Kapuziner steht.

Dame: Ich ließe Sie und ging zum Kapuziner.

Herr: Und bäten ihn, mich mit Ihnen zu kopulieren.

Dame: Nein, Sie ins Wasser zu werfen.

Herr: Und blieben mit dem Pater allein und verführten ihn, und verdürben das ganze Bild und seine Nachtgedanken; seht, so seid ihr Weiber, ihr vernichtet am Ende doch, was ihr empfindet, ihr saget vor lauter Lügen die Wahrheit. O, ich wollte, ich wäre der Kapuziner, der so ewig einsam hinüberschaut in das dunkle verheißende Meer, das wie die Apokalypse vor ihm liegt, so wollte ich mich ewig sehnen nach Ihnen, liebe Julie, und Sie ewig vermissen, denn diese Sehnsucht ist doch die einzige herrliche Empfindung in der Liebe.

Dame: Nein, nein, mein Lieber, auch in diesem Bilde; wenn Sie so reden, springe ich Ihnen nach ins Wasser und lasse den Kapuziner stehen.(Ab)

Während der ganzen Zeit hatte ein glimpflicher langer Mann mit einigen Zeichen von Ungeduld zugehört; ich trat ihm etwas auf den Fuß und er antwortete mir, als ob ich ihn dadurch um seine Meinung befragt hätte: „Es ist gut, daß die Bilder nicht hören können, sie hätten sich schon längst verschleiert; die Leute gehen gar zu unzüchtig mit Ihnen um und sind fest überzeugt, sie ständen hier wegen eines geheimen Verbrechens am Pranger , das die Zuschauer durchaus entdecken müssen." – „Aber was meinen Sie denn eigentlich von dem Bilde?" fragte ich. – „Es freut mich," sagte er, „daß es noch einen Landschaftsmaler gibt, der auf die wunderbaren Konjunkturen des Jahres und Himmels achtet, die auch in der ärmsten Gegend die ergreifendste Wirkung hervorbringen; Es wäre mir aber freilich lieber, wenn dieser Künstler außer dem Gefühle dafür auch die Gabe und das Studium hätte, es in der Darstellung wahr wiederzugeben, und in dieser Hinsicht steht er ebensoweit hinter einigen Holländern zurück, die ähnliche Gegenstände gemalt haben, als er sie in der ganzen Gesinnung, worin er aufgefaßt, übertrifft; es würde nicht schwer sein, ein Dutzend Bilder zu nennen, wo Meer und Ufer und Kapuziner besser gemalt sind. Der Kapuziner erscheint in einer gewissen Entfernung wie ein brauner Fleck; und wenn ich durchaus einen Kapuziner hätte malen wollen, so hätte ich ihn lieber schlafend hingestreckt, oder betend oder schauend in aller Bescheidenheit niedergelegt, damit er den Zuschauern, denen das weite Meer doch offenbar mehr Eindruck macht als der kleine Kapuziner, nicht die Aussicht verdürbe. Wer später sich nach den Küstenbewohnern umsähe, fände immer noch in dem Kapuziner alle Veranlassung, das auszusprechen, was mehrere der Zuschauer in einer überschwenglich allgemeinen Vertraulichkeit allen laut mitgeteilt haben."

Diese Rede gefiel mir so wohl, daß ich mich mit demselben Herrn sogleich nach Hause begab, wo ich mich noch befinde und in Zukunft anzutreffen sein werde.

III. 1. 1. Die gestrichene Einleitung aus der Handschrift

Der Zeitungsartikel selbst ist formal wie ein klassischer dreiteiliger Aufsatz gegliedert. Einer narrativen Einleitung folgt ein aus Dialogen bestehender Hauptteil, der von einem narrativen Schluß und wieder aus der Perspektive eines Ich-Erzählers eingerahmt wird.[131] Der Handschrift von Brentano/Arnim ist zu entnehmen,[132] daß dem Aufsatz, entgegen der Erstveröffentlichung in der Zeitschrift *Iris, Unterhaltungsblatt für Freunde des Schönen und Nützlichen* ein einführender, aber gestrichener Formulierungsversuch voran gestellt war, in dem Brentano beide in der Ausstellung gezeigten Landschaften erwähnt:

> „Nichts hat mich seit langer Zeit so wunderbar überrascht, als zwei Landschaften des Malers Friedrich von Dresden auf der hiesigen Kunstausstellung. Indem sie durch ihre ungemeine Einzelheit in Innhalt und Ausführung meine ganze Aufmerksamkeit fesselten, indem sie mir eine unwiderstehliche Achtung für die

---

[131] Vgl. Kurz, Gerhard: Vor einem Bild, S. 130.

[132] Ebd., S. 128: „Brentanos Text ist unter Mitwirkung Achim von Arnims entstanden und war für Heinrich von Kleists „Berliner Abendblätter" bestimmt. Von Brentanos Hand ist der erste Teil. Er umfaßt vier Fünftel des Ganzen und endet mit dem frivolen Dialog zwischen der Dame und einem Führer. Mit „Während der ganzen Zeit hatte ein glimpflich langer Mann mit einigen Zeichen von Ungeduld zugehört..." beginnt der zweite Teil in Achim von Arnims Handschrift. Der letzte Satz („Diese Rede gefiel mir so wohl....") stammt wieder von Brentano."

Kraft des Künstlers, solches auffassen und mahlen zu wollen, und eine tiefe Rührung, für sein Gemüth, das solches zu mahlen liebt, einflößten, blieb es mir dennoch unmöglich, das vor diesen Bildern zu empfinden, waß er empfunden haben muß, um sie mahlen zu wollen, und waß ich in der Natur vor solchen Gegenden und Scenen doch auch gefühlt habe, und waß er mir aber nicht wiedergeben konnte, und blieb mir endlich vor diesen Bildern nichts, als eine hohe Achtung für den Maler und schier keine für das Bild."[133]

Bezieht man den gestrichenen Text in die Rekonstruktion ein, werden die Hinweise auf die Rezension Ramdohrs deutlicher. Ohne zunächst zu differenzieren, scheinen beide Gemälde gleichermaßen Brentanos Erstaunen hervorgerufen und seine Konzentration in Anspruch genommen zu haben. Er zollt dem Maler Bewunderung sowohl für den Mut in der Motivauswahl als auch für den Versuch, die eigene Betroffenheit auf der Leinwand wiederzugeben und umgekehrt beim Betrachter erzeugen zu wollen. Dieses Bemühen des Malers ringt ihm die höchste Bewunderung ab, gleichwohl muß er das Versagen des Künstlers konstatieren. Auch wenn er die Absicht Friedrichs zu erkennen glaubt, gelingt es Brentano nicht, die Unmittelbarkeit und Intensität des realen Naturmotivs, des Urbildes,[134] in den Werken selbst zu entdecken. Die Bilder bleiben ihm fremd, ganz besonders die Seelandschaft.[135]

Zugespitzt formuliert läßt sich aus dem letzten Satzteil der gestrichenen Einleitung, der den Schlüssel für die anschließende Besprechung liefert, schließen: Die Bilder sind schlicht, wenn nicht banal und langweilig, aber der Künstler Friedrich hat den bewundernswerten Versuch unternommen, in unbedeutende oder unspektakuläre Landschaften, die vordergründig künstlerisch nicht viel hergeben seine ganze Seele hineinzulegen. Im Widerspruch zwischen der Achtung für die „Kraft" und das „Gemüth" des Malers und der Mißachtung der profanen Bilder versucht Brentano, dem Maler Gerechtigkeit widerfahren zu lassen und bemüht sich, einen tieferen Gehalt in den Motiven zu entdecken bzw. nachzuvollziehen. Gleichwohl hält er die Gemälde für mißlungen und im Ausdruck verfehlt.[136] Eine Bemerkung Ramdohrs scheint sich für Brentano vor dem neuen Bild Friedrichs zu bestätigen: „Aber im Moralischen sowohl als in der Kunst gibt es eine Anmaßung auf Einfachheit, die zur Armseligkeit wird."[137]

---

[133] Zitiert nach Petra Maisak / Hartwig Schultz: Verschiedene Empfindungen bei einem Berliner Ausstellungsbesuch, S. 110. 111. Die komplette Handschrift mit Verbesserungen und Kürzungen ist in den Brandenburger-Kleistblätter 11 abgedruckt, S. 357-360.
[134] Der Begriff des „Urbildes" ist von Gerhard Kurz übernommen worden. Kurz, Gerhard: Vor einem Bild, S. 132.
[135] Vgl. Begemann, Christian: Brentano und Kleist vor Friedrichs Mönch am Meer, S. 70: „In diesem Fall wäre von einer fundamentalen Differenz von Urbild und Abbild, Natur und Kunstwerk die Rede."
[136] Vgl. Brors, Claudia: Anspruch und Abbruch, S. 8.
Petra Maisak / Hartwig Schultz: Verschiedene Empfindungen bei einem Berliner Ausstellungsbesuch, S. 127: „Er (Brentano) bewundert Friedrichs Ingenium, kann ein gewisses Befremden vor der ungewohnten ›Modernität‹ seiner Bildschöpfungen aber nicht überwinden. Paradigmatisch faßt das der Satz: „....und blieb mir endlich vor diesen Bildern nichts, als eine hohe Achtung für den Mahler und schier keine für das Bild."
[137] Zeitung für die elegante Welt. Nr. 13, 19.1.1809, S. 101.

Der Konflikt, in dem sich der Betrachter Brentano mit seiner Er-Kenntnis über den Maler und seiner ästhetischen Distanz gegenüber den Werken befindet, und die Unentschiedenheit, welches der Gemälde zu besprechen wert sei, löst der Journalist Brentano, in dem er den Abschnitt kurzerhand streicht. Dann entscheidet sich Brentano für die Besprechung eines Bildes, des radikaleren in seiner Einfachheit, und legt eine Überschrift fest.[138]

III. 2. Die Leseorientierung des Titels

Der Hinweis auf die verschiedenen Empfindungen deutet sowohl auf eine uneinheitliche Betrachterrezeption als auch auf eine emotionale, und keine kognitiv-ästhetische Wahrnehmung hin. Brentano spricht nicht von Gedanken, Äußerungen oder Erkenntnissen, sondern von Empfindungen. Die Erwähnung des Malers „Friedrich" ohne Nennung seiner Vornamen setzt eine gewisse Bekanntheit voraus. Neben dem Ramdohrstreit kann zusätzlich die offizielle Ehrung, die Friedrich in Weimar von Goethe für zwei Sepiazeichnungen erhalten hat, dafür eine Ursache sein.[139] Gleichwohl sind jedoch die Hinweise auf eine Seelandschaft und einen Kapuziner im Titel bemerkenswerter.

Christian August Semler hatte das Bild bereits im Februar 1809 gesehen und sich im April desselben Jahres im *Journal des Luxus und der Moden* geäußert:

> „Der Landschaftsmaler Hr. Friedrich, hat wiederum in einem Ölgemälde eine Scene dargestellt, die unter einer höchst einfachen Zusammenstellung einen edeln, poetischen Sinn verbirgt. Man sieht das Meer, dessen grünliche, Schaum aufwerfende Wellen vom Winde mäßig bewegt sind, und darüber eine graue, von Dünsten schwere Luft. Den Vordergrund macht ein Streif des weißen sandigen Strandes, um den einige Mewen schweben. Ueber das Verdienstliche der Ausführung mögen Kunstverständige richten; mir schien der graue, ruhige, nirgends durch aufflackerndes Weiß gestörte Ton des Ganzen trefflich gehalten, und die

---

[138] Vgl. Petra Maisak / Hartwig Schultz: Verschiedene Empfindungen bei einem Berliner Ausstellungsbesuch, S. 110. Die Autoren gehen 1991 davon aus, daß Brentano selber den Einleitungssatz gestrichen hat „bevor er die Überschrift fixiert."
Hartwig Schultz: „Empfindungen vor Friedrichs Seelandschaft". Kritische Edition der Texte von Achim von Arnim, Clemens Brentano und Heinrich von Kleist im Paralleldruck. In: Empfindungen vor Friedrichs Seelandschaft. Caspar David Friedrichs Gemälde „Der Mönch am Meer" betrachtet von Clemens Brentano, Achim von Arnim und Heinrich von Kleist. Kleist-Museum, 2004, gibt auf der S. 38 zu bedenken: „Auszuschließen ist auch nicht, daß Kleist den ersten Abschnitt der Handschrift eigenhändig strich, da der dunkle Ton der Tintenfarbe dem der Randmarkierungen entspricht. In diesem Fall muß die Streichung die beiden Autoren überzeugt haben, denn auch der Erstdruck des Gesamttextes, den Arnim und Brentano lange nach Kleists Tod 1828 in der Zeitschrift „Iris" veröffentlichten, verzichtet auf diese gestrichene, auf beide Bilder Caspar David Friedrichs bezogene Eingangspartie."
Brors, Claudia. Anspruch und Abbruch, S. 9: „Nach Streichung der Einleitung, in der sich das künstlerische Urteil wohl zu offen, zu unkünstlerisch ausgesprochen hatte, setzt der Text direkt mit einer Emphase über die Empfindung des Erhabenen angesichts des einsamen, unendlichen Meeres ein, die übrigens in Kleists Fassung bis auf kleine Änderungen, auf die noch zurückzukommen sein wird, erhalten bleibt."
[139] Vgl. Hofmann, Werner. Caspar David Friedrich, S. 28: „1805 schickt er zwei Sepien ein, die jedoch das vorgegebene Thema – die Taten des Herkules nicht zur Kenntnis nehmen. (..) In seinem knappen Begleitbrief an Goethe benutzt er die rhetorische Floskel, er sei „dreist genug", zu am Wettbewerb zu beteiligen, ohne jedoch eine Abweichung vom Thema zu begründen. Die Häresie hat Erfolg: Der Kunstpapst erteilt Friedrich Dispens und bewirkt, daß ihm – ex aequo mit einem gewissen Joseph Hoffmann – die Hälfte des Preisgeldes zugesprochen wird."

Luft ebenso wahr zu seyn, als in Friedrichs Sepiazeichnungen, die auch bei Ihnen, wie das neueste Programm der Weimarischen Kunstfreunde bezeugt, so viel Beifall gefunden haben. Was mir aber vorzüglich an diesem Bilde gefiel, war die Bedeutsamkeit, welche der Künstler der einfachen Scene durch eine einzige Figur zu geben gewußt hat. Ein kahlköpfiger Alter in einem braunen Gewande steht auf jenem Strande, fast ganz gegen das Meer hingewendet und scheint, wie seine Stellung und besonders die das Kinn unterstützende Hand anzeigen, in tiefes Nachdenken versunken. Niemand wird wohl zweifeln, daß das Unermeßliche, was sich vor seinen Augen in die weite, düstre Ferne hin ausbreitet, der Gegenstand seines Nachdenkens ist; man fühlt sich angezogen, mit ihm zu sinnen; jeder leiht ihm vielleicht andere Gedanken, weil jeder von dem großen und ernsten Gegenstande eine andere geistige Ansicht zu nehmen, durch seine Individualität bestimmt wird; indessen convergiren doch alle diese gedankenreihen, und es giebt einen Punkt, wo sie zusammentreffen."[140]

Vier Monate später begutachtet Marie von Kügelgen das Ölgemälde und beschreibt am 22. Juni 1809 in einem Brief ihren Eindruck von dem Bild:

„Ein großes Bild in Öl sah ich auch, welches meine Seele gar nicht anspricht. Ein weiter, unendlicher Luftraum. Darunter das unruhige Meer und im Vordergrund ein Streifen hellen Sandes, wo ein dunkel gekleideter oder verhüllter Eremit umherschleicht. Der Himmel ist rein und gleichgültig ruhig, kein Sturm, keine Sonne, kein Mond, kein Gewitter – ja ein Gewitter wäre mir ein Trost und Genuß, dann sähe man doch das Leben und Bewegung irgendwo. Auf der ewigen Meeresfläche sieht man kein Boot, kein Schiff, nicht einmal ein Seeungeheuer, und in dem Sande keimt auch nicht ein grüner Halm, nur einige Möven flattern umher und machen die Einsamkeit noch einsamer und grausiger. Eine Mondlandschaft aber würde mir sehr gefallen haben, wenn sie besser gemacht wäre – es ist aber überall eine Härte, von der die Natur nichts weiß."[141]

So verschieden die „Empfindungen" bzw. Eindrücke der beiden Betrachter in ihren sowohl öffentlichen als auch privaten Äußerungen sind, so sind doch verschiedene Übereinstimmungen auffällig. Keiner der beiden bezeichnet das Meer als einen See, keiner identifiziert die Figur auf dem Strand als Mönch und keiner von beiden scheint das Gemälde grundsätzlich, als der Gattung der Landschaftsmalerei zugehörig, in Zweifel zu ziehen.[142]

In der Abschrift eines Kommentars von Friedrich, der zwischen Herbst 1809 und Sommer 1810 verfaßt worden sein muß, äußert sich dieser über sein Bild:

„Es ist nemlich ein Seestük, vorne ein öder sandiger Strand, dann, das bewegte Meer, und so die Luft. Am Strande geht tiefsinnig ein Mann, im schwarzen Gewande; Möfen fliegen ängstlich schreiend um ihn her, als wollten sie ihn warnen, sich nicht auf ungestümen Meer zu wagen."[143]

Der Maler selber bezeichnet das Werk zwar als Seestück, beschreibt aber die Figur nicht als Mönch.

---

[140] Vgl. Semler, Christian August: Ueber einige Landschaften des Malers Friedrich in Dresden. In: Journal des Luxus und der Moden. April 1809, S. 233, 234. Semler eröffnete den Aufsatz über das Altarbild mit der Besprechung der Seelandschaft.

[141] Vgl. Kügelgen, Helene Marie von: Ein Lebensbild in Briefen, S. 161.

[142] Vgl. Börsch-Supan, Helmut: Berlin 1810, S. 75, Fußnote 98. Börsch-Supan fällt es gleichfalls auf, daß der Mann in den beiden Beschreibungen nicht als Mönch bezeichnet wird.

[143] Vgl. Börsch-Supan: Berlin 1810, S. 74.

Brentano hingegen spricht in der Überschrift nicht von einem Meer, sondern von einem See, obwohl das abgebildete Wasser bis zum Horizont unbegrenzt ist, und er bezeichnet den braungekleideten Mann als einen Kapuzinermönch, also als einen besonders frommen und demütigen Menschen.[144] Die Landschaft wird ohne eine konventionelle Figuralszene religiös konnotiert. Der Titel bietet eine erste Leseorientierung, die auf eine verborgene, christliche Geschichte aufmerksam macht.

III. 2. 1. Abweichungen im Titel der Handschrift

Der ursprüngliche Titel in der Handschrift *Verschiedene Empfindungen vor Friedrichs Seelandschaft, worauf der Kapuziner, auf der diesjährigen Kunstausstellung* war nicht nur präziser durch die Nennung des Ausstellungsortes, sondern hat den Nachnamen des jungen Skandalmalers dem Bildtitel sogar vorangestellt. Der Gebrauch des bestimmten Artikels vor dem Kapuziner definiert die Figur und seine Bedeutsamkeit noch genauer und ist in der Veröffentlichung einem unbestimmten Artikel gewichen.

---

[144] Vgl. Busch, Werner: Caspar David Friedrich, S. 65: „Warum sind Kleist und seine durch die Redaktion des eingereichten Textes verprellten Literatenfreunde Brentano und Arnim so sicher, einen Kapuzinermönch vor sich zu haben? Ganz offensichtlich sind es alleine die braune Kutte und die bloßen Füße, die diesen Schluß herbeiführen. Kapuziner, ein Zweig der Franziskaner und wie diese Bettelmönche, waren seit dem 16. Jahrhundert in Deutschland als Ordensbrüder tätig. Sie befolgten ein striktes Armutsgelübde und betrieben auch Klöster in Sachsen, Preußen und Pommern. Zur Entstehungszeit des ‚Mönch am Meer‘ gehörten sie zu Napoleons entschiedensten Gegnern und mußten Friedrich von daher durchaus sympathisch sein. Zudem bildeten sie ein Standardmotiv in der romantischen Literatur."
Schultz, Hartwig: Drei Blicke auf Caspar David Friedrichs „Mönch am Meer". In Empfindungen vor Friedrichs Seelandschaft. Caspar David Friedrichs Gemälde „Der Mönch am Meer" Betrachtet von Clemens Brentano, Achim von Arnim und Heinrich von Kleist. Kleist-Museum 2004, S. 31. Hartwig Schultz macht auf den Mönch, als eines der Leitbilder der literarischen Romantik aufmerksam.

III. 3. Zur biblischen Referenz: Petrus, der über das Wasser gehen will

Erinnert man sich an den Vorwurf Ramdohrs, daß sich die Landschaftsmalerei auf die Altäre schleichen wolle, und betrachtet in der Folge das neue Bild Friedrichs auch unter dem Aspekt, diese Wasserlandschaft als ein Altarbild zu sehen, so ist dazu eine allegorische Lesart mit religiösem Ursprung die Voraussetzung. Unter den Nachwirkungen des Ramdohrstreits versucht der Betrachter Brentano in dem Bild, auf dem man nichts sieht,[145] einen christlichen Gehalt zu entdecken. Dergestalt läßt sich, mit dem Wissen um die mediengesteuerte Konditionierung, in dem Landschaftsbild eine in der Bibel verankerte Begebenheit erkennen: Das bei dem Apostel Matthäus 14, 22-32, erzählte Wunder von Petrus, der über das Wasser zu Jesus zu wandeln sucht.[146]

Die Bibelausgabe von 1802 kündigt im Index und in der Überschrift das Ereignis als *Jesus kömmt über den See zu den Jüngern im Sturme* an.[147] Die neutestamentliche Bibel von 1811 annonciert ebenfalls im Inhaltsverzeichnis und mit derselben Kapitelüberschrift bei Matthäus und Markus: *Jesus wandelt auf dem Landsee einher, u. stillt einen heftigen Sturmwind.*[148]

Auch wenn *Das Neue Testament für Lehrer und Kinder in Bürger= und Landschulen*[149] die Geschichte bei Matthäi nur unter *Andere Wunder*[150] erzählt und einen „See"- Hinweis ausspart, erklärt sich das Unerforschliche, das „Wunder des Glaubens" auch in der Ausgabe. Dem Wasserwunder geht in der Bibel die Geschichte der *Wundervolle Speisung von 5000 Mann*[151] durch fünf Brote und zwei Fische voraus. Hatte Jesus in dem Ereignis ein praktisches, handfestes Wunder vollbracht, setzt er in der nächsten Begebenheit ein abstraktes Zeichen.

In dieser Geschichte schickt Jesus seine Jünger auf den See Genezareth, ihm vorauszufahren. Die Jünger befinden sich in einem Boot, als in der vierten Nacht ein Sturm ausbricht. Jesus, der sich zum Gebet auf einen Berg zurückgezogen hat, wandelt über das Wasser zu seinen verängstigten Brüdern, währenddessen sich der Sturm legt. Als die Jünger ihn auf dem Wasser sehen, fürchten sie sich vor diesem „Gespenst". Als Jesus die Männer mit den Worten „fürchtet euch nicht" zu

---

[145] Apel, Friedmar: Himmelssehnsucht. Die Sichtbarkeit der Engel. Frankfurt/Main 2001, S. 65: „ein zeitgenössischer Kommentar wie: man sieht ja nichts! Ist mehrfach überliefert."
[146] Vgl. Hinweis von Burwick, Roswitha: Verschiedene Empfindungen vor Friedrichs Seelandschaft: Arnim, Brentano, Kleist, S. 39: „(Konrad) Feichenfeldt wies darauf hin, daß Brentano in seinem Werk wiederholt Bilder aus der Offenbarung und dem Johannesevangelium verwendete."
[147] Die kleine Bibel. Natorp, B.C.L, Zweyter Theil. Essen 1802, S. 5, Nr. 53 „Jesus kömmt über den See zu den Jüngern im Sturme. Matth. 14, 24-36, Marc. 6, 47-56, Joh. 6, 17-21 und S. 62.
[148] Die neutestamentliche Bibel oder die heiligen Urkunde der Christusreligion, Preifs, Christian Friedrich, Erster Band, Stettin und Leipzig 1811. Index: S. 5, Matthäus XIV, S. 62. Index: S. 127, Markus VI, S. 155.
[149] Schul=Bibel oder die heilige Schrift Alten und neuen Testaments für Lehrer und Kinder in Bürger = und Landschulen; Zerrenner, Heinrich Gottlieb, Halle 1805.
[150] Ebd., S. 44.
[151] Ebd., S. 44.

beruhigen sucht, prüft Petrus den „Erlöser" und bittet Jesus, ihn zu sich zu rufen, „und Petrus trat aus dem Schiff, und ging auf dem Wasser, daß er zu Jesu käme." Ein aufsteigender Wind verunsichert Petrus in seinem Glauben an Jesus jedoch, er kann ihm nicht nachfolgen, er sinkt und schreit „Herr hilf mir", und Jesus streckt seine Hand aus, hilft ihm ins Boot und spricht: „O du Kleingläubiger, warum zweifelst du?", und der Wind legte sich und die Jünger fielen auf die Knie und sprachen: „Du bist wahrlich Gottes Sohn."[152] Petrus` Angst und Zweifel verhindern eine ungefährdete Annäherung auf dem Wasser an Jesus. Der Jünger ist in seinem Glauben noch nicht so stark, daß er Jesus bedingungslos Vertrauen schenken kann. Durch seine Rettung werden schließlich alle Anhänger, von der Gabe ihres Herrn Wunder zu bewirken, überzeugt.

Zwei Aspekte in dieser Geschichte sind für das Verständnis der Rezension bedeutsam. Zum einen die Tatsache, daß Jesus auf dem Wasser gehen kann, d.h. er widerlegt ein Naturgesetz, zum anderen erweist sich Petrus durch seine Zweifel, ein Nachfolger von Jesus zu werden, noch nicht als fähig und würdig.

Statt wie im Katalog ausgezeichnet nur eine ästhetisch erbauende Landschaft zu sehen, betrachtet Brentano das Gemälde als ein Altarbild, dessen Motiv auf das Ereignis mit einem Wunder vollbringenden Heiland und einem zweifelnden Nachfolger rekurriert und pathologische Wirkung erzielen will. Unter dieser Voraussetzung sieht/liest er das leere Landschaftsbild.

III. 4. Die Landschaft als Allegorie erweckt Andacht.

Statt nun dem Zeitungsleser, der ja nicht unbedingt das Bild bereits gesehen haben muß, einleitend eine Bildbeschreibung zu liefern und über den Inhalt, die Komposition und die Farbgebung aufzuklären, bricht Brentano die Rezensionskonvention und startet seinen Artikel mit der realen Beschreibung des Bildmotivs. Damit knüpft er an seine gestrichene Einleitung, an „die Kraft des Künstlers, solches auffassen und mahlen zu wollen" und an das, „waß er [Friedrich] empfunden haben muß" an. Gleichzeitig greift er den Vorwurf Ramdohrs auf, der einem Kunstwerk „pathologische Rührung [..] in dem Beschauer, wie er ihn etwa von den dargestellten Sujets in der Natur selbst erhalten würde," abgesprochen hatte. Brentano überprüft Ramdohrs Kritik auf ihre Berechtigung.

---

[152] Ebd., S. 46.

Im ersten Satz der autorisierten Einleitung beschreibt der Betrachter die reale, pathologische „Wirkung einer Seelandschaft".[153] Brentano rekapituliert die dargestellte Situation und erläutert die Situation eines Menschen, der sich zum Meer begibt und weiß, daß er wieder zurückkehren wird bzw. muß.

Zwischen diesem Hingehen und Zurückmüssen liegt die Schlüsselstelle, die aus der Landschaft einen heiligen Ort[154] und aus dem Landschaftsgemälde ein Altarbild macht. Die reale Situation erhält durch den Wunsch,

> „daß man hinüber möchte, daß man es nicht kann,"

eine irreale, religiöse Dimension. Der Strandgänger möchte, wie Petrus, über das Wasser und ist sich gleichzeitig der Unmöglichkeit bewußt: „Daß man dahingegangen, daß man zurück muß". Denn warum schreibt Brentano „zurück muß", und nicht „zurück kann"? Weil der Wunsch, das Wasser zu überwinden, Jesus nachzufolgen, so groß ist, daß eine Rückkehr zu den Menschen wie Zwang erscheint. Hinter dieser Sehnsucht verbirgt sich das Bedürfnis nach Hingabe und Vereinigung mit Gott, der Wunsch, die Nachfolge Jesus anzutreten. Aber das kann der Mensch nicht. Er weiß, daß es ihm nicht möglich ist, den Horizont, das Ende der Welt, die erlösende Ruhe - Gott - zu erreichen und damit das Gefühl der überwältigenden Einsamkeit aufzuheben.[155] Diese Unfähigkeit, das Element Wasser, Kraft des Glaubens, zu überwinden, läßt den Betrachter alles zum Leben Notwendige vermissen. Gleichwohl hört er „seine Stimme"[156], nämlich Gottes/Jesus Stimme, die in der ganzen Natur zu vernehmen ist und die ihn über das Meer hinweg zu sich ruft bzw. zu bedingungslosem Glauben und Vertrauen auffordert. Damit beendet Brentano noch immer nicht den Satz und den Gedanken, sondern setzt ein Semikolon, um dann in einer Zusammenfassung den Konflikt auf den Punkt zu bringen: „Dazu gehört ein Anspruch, den das Herz macht, und ein Abbruch, den einem die Natur tut."[157]

---

[153] Vgl. Kurz, Gerhard: Vor einem Bild, S. 131 und Begemann, Christian: Brentano und Kleist vor Friedrichs Mönch am Meer, S. 60.
[154] Die Freiluftgottesdienste auf Rügen von Kosegarten sind damals berühmt gewesen.
[155] Vgl. Begemann, Christian: Brentano und Kleist vor Friedrichs Mönch am Meer. Begemann arbeitet in seinem Vergleich mit verschiedenen Sehnsuchtskonzeptionen, stellt aber keine Verbindung auf religiöser Ebene her, S. 62 f.
[156] Vgl. Brentano, Clemens: Werke. Bd. 2, München 1963, S. 1034.
[157] Ebd., S. 1034.

Das Herz des Betrachters ist erfüllt von dem Wunsch („ein Anspruch, den das Herz macht"), Gott jenseits des Wassers nahe zu sein („daß man hinüber möchte"). Aber der Mensch kann nicht über das Wasser zu Gott wandeln, um sich dort mit ihm zu vereinigen („daß man es nicht kann"). Er würde schlicht im Wasser untergehen („ein Abbruch, den einem die Natur tut"). Brentano ist sich der Aussichtslosigkeit bewußt, wahrt Distanz, argumentiert aus einer aufklärerischen Position und zieht eine logische, wissenschaftliche Schlußfolgerung.

So kurz und intensiv deutet Brentano eine Allegorie in das Motiv des Bildes, in das Urbild. Statt Petrus steht ein zeitgenössischer Stellvertreter, den er als Mönch klassifiziert, nicht am Meer, sondern an einem See (Genezareth), der sich gleichfalls nach tiefem Glauben sehnt und seine Erfüllung jenseits des Wassers verwirklicht weiß. Soweit die reale Natursituation, die „pathologische Rührung" erzeugen und eine tiefe religiöse Sehnsucht hervorrufen kann.

III. 5. Das Landschaftsbild als Allegorie und Andachtsmotiv

Der zweite Satz steht im Kontrast zur möglichen Wirkung des Urbildes und beschreibt die Wirkung von Friedrichs Bild einer Seelandschaft.[158] Die Empfindungen, die die reale Situation auslösen können, erfüllen sich vor dem Bild, das „schier" keine Achtung hervorrufen will, keineswegs. Die Wirkungen von Urbild und Abbild sind nicht identisch: „Dieses aber ist vor dem Bild unmöglich." Brentano stellt fest, daß pathologische Rührung vom Standpunkt des Bildbetrachters nicht möglich ist. Obwohl die reale Meeressituation bei Brentano das pathologische Empfinden nach tiefempfundenen Glauben an Gott und bedingungsloses Vertrauen in Jesus auslöst und er diesen Anspruch auch als intendierte Wirkung bei Friedrich vermutet, stellt sich für ihn in der Ausstellung keine direkte religiöse Betroffenheit und keine Andacht durch das Bild her:

> „und das, was ich in dem Bilde selbst finden sollte, fand ich erst zwischen mir und dem Bilde, nämlich einen Anspruch den mir das Bild tat, indem es denselben nicht erfüllte;"

Was glaubt Brentano, in dem Bild finden zu müssen? – Die allegorische Übersetzung einer Landschaft. Ein Altarbild, das Andacht und Glaubensbestärkung vermittelt und auf das Abendmahl vorbereitet. Das Bild will also eine pathologische, religiös-orientierte Reaktion von ihm. Brentano reagiert auch pathologisch, aber nicht in der von ihm unterstellten Absicht Friedrichs.

---

[158] Vgl. Kurz, Gerhard: Vor Einem Bild, S. 131.

Was findet er zwischen sich und dem Bild? - Die Erkenntnis, eine Erwartung an das Bild zu haben, die das Bild nicht erfüllt. Brentano klagt das Bild an, in seiner Aussage versagt zu haben. Schuld und Verantwortung liegen bei dem Bild. Durch den „Anspruch", den das „Bild" ihm, Brentano, „tat", - als Altarbild pathologisch wahrgenommen zu werden - , und den es für den Betrachter „nicht erfüllte". Diese religiös-allegorische Lesart funktioniert jedoch nicht. Die Andacht, die der Betrachter in dem Bild finden soll, stellt sich nicht her. Auch eine andere Empfindung, Demut, die ebenfalls durch ein Altarbild ausgelöst werden kann, stellt sich nicht ein. Bedingt durch die medienkonditionierten Erwartungen behauptet das Bild eine Aussage zu bergen, die es in der Wirkung auf den Betrachter aber nicht erfüllt. Der Bildbetrachter reagiert dennoch pathologisch: Wie Petrus, der sich als Nachfolger unwürdig erwiesen hat, ist Brentano von dem Bildanspruch überfordert. Zwischen ihm und dem Bild entsteht eine unvorhergesehene Interaktion. Brentano reagiert paradox pathologisch: Er wird übermütig und reagiert „lustig". So beschreibt Kleist diesen Zustand. Brentano versetzt sich in das Bild. Sein eigenes Unverständnis und das Versagen des Bildes, veranlassen Brentano, seine Position vor dem Bild zu verlassen, die Perspektive zu wechseln, sich als Kapuziner in das Bild hineinzuversetzen, im Bild auf der Düne zu stehen und mit dem Rücken zur See, aus dem Bild heraus auf die kommentierenden Betrachter zu schauen.[159] Die See, das Objekt der Sehnsucht, dessen Überwindung den Himmel verspricht und unterstelltes aber nicht eingelöstes Motiv eines Altarbildes scheint, ist aus dem Blickfeld und der Deutungssuche verschwunden:

> „Und so wurde ich selbst der Kapuziner, das Bild war die Düne, das aber, wo hinaus ich mit Sehnsucht blickte, die See fehlte ganz."[160]

Hatte Brentano bis dahin versucht, sich mit dem Bildgehalt auseinanderzusetzen, beendet er mit dem Positionswechsel, der ihm nun eine „wunderbare Empfindung" bereitet, den Versuch einer ernsthaften Auseinandersetzung. Statt erfolglos religiöse Erbauung pathologisch nachzuvollziehen, ändert er Stil und Ton und konzentriert seine Rezension auf die Kommentare weiterer Ausstellungsbesucher:

> „Dieser wunderbaren Empfindung nun zu begegnen, lauschte ich auf die Äußerungen der Verschiedenheit der Beschauer um mich her, und teile sie als zu diesem Bilde gehörig mit, das durchaus Dekoration ist, vor welchem eine Handlung vorgehen muß, indem es keine Ruhe gewährt."[161]

---

[159] Vgl. Müller, Gernot: Man müßte auf dem Gemälde selbst stehen, S. 207 und Apel, Friedmar: „.....Nur ich allein ging leer aus". Kleist und die religiös-patriotische Kunstkonzeption. In: Kleist Jahrbuch 1993. Hg. von Hans Joachim Kreutzer. Stuttgart 1993. S. 126: „Bei Brentano steckt der Betrachter fortan im Bild, deshalb kann er die Dialoge der vorübergehenden Kunstfreunde belauschen."
[160] Vgl. Clemens Brentano: Werke. Bd. 2, 1963, S. 1034.
[161] Ebd., S. 1034.

Der Ich-Erzähler bedarf der Hilfestellung der übrigen „Beschauer" bei der Aufklärung seiner Fragen und den Zweifeln an seiner Wahrnehmung.

Den Skandalmaler Friedrich und die Ablehnung Ramdohrs, mit anschließender Diskussion im Bewußtsein, genießt das Bild in Berlin, neben den Portraits der Königin, eine besondere Bedeutsamkeit und wird, weil nichts darauf zu sehen ist, kontrovers besprochen. Trotz, oder auch wegen der Kargheit des Motivs erscheint das Bild gleichwohl dekorativ.[162] Die Arbeiten Friedrichs bergen Diskussionsstoff, der vor dem stillen Bild Handlung verursacht. Den dekorativen Wert des Bildes will Brentano keineswegs abstreiten, aber eine deutlichere, überzeugendere Erschließung des Sinngehalts erhofft er sich von den Äußerungen weiterer Betrachter, die dem Bild durch ihre Kommentare, Aufmerksamkeit und damit Handlung schenken. Gleichwohl enthebt dieser Perspektivwechsel den Autor weiterer Bemühungen, dem Bild ernsthafte Konzentration und tiefes Verständnis zu schenken.

III. 5. 1. Abweichungen in der Handschrift

Neben der bereits besprochenen gestrichenen Einleitung der Handschrift soll auf die inhaltlichen Unterschiede in der Prosaeinleitung Brentanos aufmerksam gemacht werden.

1. In der Handschrift steht im ersten Satz, „daß man hinüber mögte" (statt „möchte" in der *Iris*). Eine Schreibweise die Kleist übernommen hat und den Konjunktiv, daß man den Wunsch haben könnte hinüber zu mögen, verstärkt. Damit wird die Subjektivität des Wunsches noch untermauert.[163]

2. War in der Erstveröffentlichung im zweiten Satz von einem:

> „Anspruch, den mir das Bild tat, indem es denselben nicht erfüllte"

die Rede, heißt es in der Handschrift:

> „einen Anspruch, den mein Herz an das Bild machte, und einen Abbruch den mir das Bild that, indem es denselben nicht erfüllte."

---

[162] Vgl. Kurz, Gerhard: Vor Einem Bild, S. 134: „ Der Begriff der Dekoration hat seinen Platz in der romantischen Theorie der Arabeske."

[163] Vgl. Petra Maisak / Hartwig Schultz: Verschiedene Empfindungen bei einem Berliner Ausstellungsbesuch. S. 114, Fußnote 9 Die Autoren ziehen keine inhaltlichen Schlußfolgerungen. „Die Orthographie Brentanos kennt „möchte" und „mögte" [...] was sicherlich auf die Frankfurter Mundart zurückgeht und in Brieftexten ohne besondere Bedeutung ist."

In der Handschrift erhebt in beiden Fällen, in der Natur und vor dem Bild, das „Herz" einen „Anspruch", dem wiederholt ein „Abbruch" widerfährt. In beiden Fällen ist der Betrachter aktiv und wird mit seinem Scheitern konfrontiert. In der Veröffentlichung der *Iris* weicht der Herzensanspruch des Betrachters an das Bild, einem klaren Anspruch des Bildes an den Betrachter, den es nicht erfüllt. Es findet eine Umkehrung der Ansprüche statt. Damit wird in der Publikation der unterstellte Anspruch, „Altarbild" zu sein, und das Scheitern als „Altarbild" deutlicher.

Die Änderung, die in der Erstveröffentlichung vorgenommen worden ist, ist Folge der Kleistkorrektur (die später besprochen wird). Die Verkürzung in der Erstveröffentlichung pointiert die Differenz von aktivem Anspruch des Betrachters an das Urbild und aktivem Anspruch des Abbildes (des Gemäldes) an den Betrachter.

III. 6. Publikumssatire statt Bildrezension

Nach der Prosaeinleitung wechselt der Zeitungsautor die Gattung und gestaltet im Hauptteil eine Folge von Dialogen zu einem „kleinen Drama."[164] Mit diesem formalen Neustart entledigt sich der Kritiker Brentano einer ausführlichen und ernsthaften Auseinandersetzung mit dem Bild.[165] Statt die Vorwürfe Ramdohrs weiter zu prüfen und ernsthaft die Frage zu beantworten, ob es der Würde der Kunst angemessen ist, durch solche Mittel zur „Devotion einzuladen", gerät der zweite Teil zu einer Persiflage des kunstinteressierten Bildungsbürgertum[166], in der Brentano keineswegs davor zurückschreckt „auch Kalauer als Elemente der Satire zu verwenden."[167]

---

[164] Vgl. Schultz, Hartwig: „Empfindungen vor Friedrichs Seelandschaft.", S. 25.
[165] Vgl. Müller, Gernot: Man müßte auf dem Gemälde selbst stehen, S. 208: „Die Textsortenmischung ist zudem ein satirischer Rückgriff auf das frühromantische Gemäldegespräch im ´Athenäum`, in dem die Frage aufgeworfen war, ob auch der dilettierende Kunstliebhaber über Bildkunstwerke urteilen dürfe. (..) Diesem im ´Athenäum` arrangierten Szenario urbaner Geselligkeit folgt Brentano allerdings unter satirischen Vorzeichen."
[166] Vgl. Apel, Friedmar: „...NUR ICH ALLEIN GING LEER AUS, S. 125 zieht ebenfalls mit den Dialogen eine Verbindung zu A. W. Schlegel: „und so besteht der zweite Teil aus muntren Kunstgesprächen, die man als Persiflage des Gesprächs über Gemälde von August Wilhelm Schlegel, aber auch als Karikatur der bürgerlichen Kunsterfahrung lesen kann."
[167] Vgl. Schultz, Hartwig: „Empfindungen vor Friedrichs Seelandschaft.", S. 31.
Kurz, Gerhard: Vor Einem Bild, S. 133: „Vermutlich ist dieser Text, vor allem die Dialogpartien, konzipiert worden vor dem Hintergrund des Ramdohr-Streits als Persiflage zeitgenössischer Reaktionen auf Friedrichs Bild, mit witzig frivolen Anspielungen auf Edward Youngs „Night Thoughts" und Gotthilf Heinrich Schuberts „Ansichten von der Nachtseite der Naturwissenschaften" die 1808 erschienen waren. Dabei bleibt aber der Text nicht stehen. Unter dem Anschein der Persiflage geht es in diesem Text um essentielle ästhetische Probleme, denen freilich ironische Lichter aufgesteckt werden."

Denn weder Andacht noch Devotion erfassen die Betrachter. Zwar werden auch tiefe Empfindungen geäußert, es gibt sowohl geistreiche, ironische und banale Äußerungen, als auch Zustimmung und Ablehnung, aber keines der Gespräche verzichtet auf ein Wortspiel oder eine Pointe.

Gleichzeitig gerät das „kleine Drama" durch diesen literarischen Kunstgriff stilistisch zu einer unterhaltsamen Antwort auf Beckedorffs konventionelle Kunstkritik über die Portraitmalerei, in der Beckedorff solide die Bilder nacheinander besprochen hat.[168]

Aktualisiert werden die Gespräche noch durch Hinweise auf literarische Modeerscheinungen, wie Ossian, Kosegarten und Youngs Nachtgedanken, die zu der Wirkung des Bildes in Beziehung gesetzt werden.[169]

Das Kunstwerk, ob nun Landschaftsgemälde, Altarbild oder „durchaus Dekoration", erzeugt durch die Wahl seiner Mittel alles andere als die Wirkung der Devotion. Die Würde der Kunst wird persifliert. Statt mit verbissenem Ernst reagiert der Dichter Brentano auf literarischer Ebene dem Credo folgend „heiter ist die Kunst". Deshalb hat Kleist nicht unrecht, wenn er Brentano mit dem Vorwurf konfrontiert, seinen Aufsatz „lustig und angenehm" hingeworfen zu haben.[170]

---

[168] Vgl. Schultz, Hartwig. Schwarzer Schmetterling, S. 245.

[169] Heinrich von Kleist Erzählungen Anekdoten Gedichte Schriften, Deutscher Klassiker Verlag, Bd. 3, Frankfurt 1990, S. 1129 ff. Im Jahre 1760 veröffentlichte der schottische Dichter James Macpherson (1736-1796) *Fragments of ancient poetry, collected in the highlands of Scotland* [..], die er als Übersetzungen von Dichtungen des keltischen Barden Ossian aus dem 3. Jahrhundert ausgab. Diese Mystifikation war außerordentlich erfolgreich und von großer Wirkung gerade auf die deutsche Literatur. – Gotthard Ludwig Theobul Kosegarten (1758-1818), von 1792 bis 1808 Pfarrer in Altenkirchen auf Rügen (daher die Nennung bei Brentano), dann Professor in Greifswald, veröffentlichte 1777 *Melancholien,* 1802 eine Übersetzung von Garnetts *Reise durch die schottischen Hochlande,* ferner Idyllen, Legenden u.a. – Edward Youngs (1681-1765) weltschmerzliche *Night Thoughts on Life, Time, Friendship, Death and Immortality* [..] von 1742/43 hatten großen Erfolg und wurden mehrfach ins Deutsche übersetzt.

[170] Vgl. Unverfehrt, Gerd: Caspar David Friedrich, S. 146: „sind die Dialoge vor Friedrichs Seelandschaft von geradezu valentinesker Mißverständlichkeit."

III. 6. 1. Abweichung in der Handschrift

Den Schluß dieses kleinen Dramas bildet eine an Frivolität kaum zu überbieten Konversation zwischen einer Dame und ihrem Führer. Roswitha Burwick macht darauf aufmerksam, daß selbst in der Erstveröffentlichung 1826 in der Zeitschrift *Iris*, die wahrscheinlich von Arnim veranlaßt wurde, die religiös anstößigste Passage gestrichen ist.[171] Im Dialog zwischen der Dame und ihrem Führer sind im Wortlaut der Handschrift im letzten Gesprächsbeitrag des Herrn die Avancen, die der Herr teilweise dem Kapuziner in den Mund legt, der Bibel entnommen und auf einen körperlichen Liebesakt gerichtet:

Iris/Handschrift: „O, ich wollte, ich wäre der Kapuziner, der so ewig einsam hinüberschaut in das dunkle verheißende Meer, das wie die Apokalypse vor ihm liegt,"

Nur in der Handschrift: „und im Anfang war das Wort [,] spricht er, fühlt er, und das Wort ist Fleisch geworden, ewig wollte ich hinüber schauen und harren, und hoffen auf das Fleisch, und doch den Fluch in mir tragen, zu wissen, daß es mir nie sein wird, und daß, würde es mir, es mir zur Sünde würde,"

Iris/Handschrift: „so wollte ich mich ewig sehnen nach Ihnen, liebe Julie, und sie ewig vermissen, denn diese Sehnsucht ist doch die einzige herrliche Empfindung in der Liebe."

Ob nun die Textbearbeitung Kleists, die Auseinandersetzung zwischen den Autoren oder die ernsthafte Hinwendung zur christlichen Religion diesen Strich zur Folge hatte, soll hier nicht geklärt werden, gleichwohl liefert dieser Textausschnitt einen weiteren Hinweis auf einen Versuch, in die Bildbesprechung, bei Profanisierung der christlichen Religion, religiöse Anspielungen einzuflechten

III. 7. Die Auswahl und Umsetzung des Motivs

Im narrativen Schlußteil, der von Arnim verfaßt ist, wird noch einmal auf das Motiv und die technische Ausführung eingegangen. Zuvor jedoch kritisiert Arnim die „unzüchtigen" Reaktionen der Bildbetrachter, die allesamt die Würde der Kunst mißachten und die Gemälde wie verbrecherische Elemente behandeln.

Damit schlägt er einen Bogen zur Einleitung von Brentano, der sich paradoxerweise als Kapuziner/Angeklagter in die Position des Bildes begeben und von dort aus stumm die Kommentare der Zuschauer erduldet hatte.

---

[171] Vgl. Burwick, Roswitha: Verschiedene Empfindungen vor Friedrichs Seelandschaft: Arnim, Brentano, Kleist, S. 39 Burwick macht auf Konrad Feilchenfeldt aufmerksam, der wiederholt Bilder aus der Offenbarung und dem Johannesevangelium im Werk Brentanos nachgewiesen hat. Clemens Brentano und Philipp Otto Runge. Briefwechsel, hg. v. Konrad Feichenfeldt. Frankfurt/Main 1974, S. 14, 21, 74, 78.

Arnims Beurteilung des Motivs und der Ausführung schwankt zwischen Lob und Kritik. Er erkennt das „Gefühl" des Malers an und schätzt die dem Gemälde zugrundeliegende „Gesinnung, worin er aufgefaßt" bedeutend höher als die der holländischen Konkurrenz. Dennoch vermißt er, im Sinne Ramdohrs, die mangelnde „Gabe und das Studium" und beurteilt die niederländischen Vorbilder in der Umsetzung der Sujets handwerklich als weit überlegener.

In seinem Schlußsatz greift Arnim den von Brentano vorgegebenen satirischen Ton als Schlußpointe noch einmal auf und scheut nicht vor ironischen Verbesserungsvorschlägen für den Aufbau des Bildes zurück:

> „Der Kapuziner erscheint in einer gewissen Entfernung wie ein brauner Fleck; und wenn ich durchaus einen Kapuziner hätte malen wollen, so hätte ich ihn lieber schlafend hingestreckt, oder betend oder schauend in aller Bescheidenheit niedergelegt, damit er den Zuschauern, denen das weite Meer doch offenbar mehr Eindruck macht als der kleine Kapuziner, nicht die Aussicht verdürbe."

Der letzte Satz ist wieder von Brentano verfaßt, der sich im Gespräch mit Arnim so einig sieht, um mit ihm gemeinsam nach Hause zu gehen.[172] Damit endet der Schabernack, den die beiden Schriftsteller, die in einer chaotischen Wohngemeinschaft das Leben lustig sein lassen, auf dem Feld des Zeitungswesen zum Besten geben.[173]

III. 8. Zusammenfassung: Brentano/Arnims Deutung der *Seelandschaft*

Die Dichter Brentano und Arnim, beide Vertreter der von Ramdohr angeklagten Bewegung des Mystizismus, lesen das neue Bild von Friedrich, (heute) *Der Mönch am Meer*, das allgemeines Aufsehen erregt, aber den beiden Schriftstellern keine Achtung abringt, synchron zu den Vorwürfen Ramdohrs an den *Tetschener Altar*. Ihr Hauptansatz liegt erstens in dem Versuch, das Landschaftsbild als eine Allegorie zu lesen und deshalb die Funktion und Aussagekraft eines Altarbildes zu erkennen. Darin sehen sie die Gesinnung des Malers verborgen. Zweitens wird der Versuch unternommen, die Wirkung pathologischer statt ästhetischer Rührung zu überprüfen, und drittens beurteilen sie die technischen Fähigkeiten des Malers.

---

[172] Vgl. Steig, Reinhold: Heinrich von Kleists Berliner Kämpfe, S. 266. Steig identifiziert in dem Gesprächspartner Achim von Arnim. Auch: Kurz, Gerhard: Vor Einem Bild. S. 138.
[173] Vgl. Schultz, Hartwig: Schwarzer Schmetterling, S. 248. Schultz zitiert Ausschnitte aus einem Brief von Wilhelm Grimm, der das Chaos in der Wohngemeinschaft der beiden Schriftsteller beschreibt.

Das subjektive „Gefühl" und die „Gesinnung" des Künstlers werden zwar hoch eingeschätzt, jedoch will den Autoren in beiden Fällen ein Nachvollzug der Ansprüche nicht gelingen. Das Landschaftsbild taugt nicht für den Altar, und die Empfindungen werden ob des mangelnden Handwerks so beeinträchtigt, daß sich eine pathologische Reaktion verselbstständigt. Die Vorwürfe Ramdohrs an den *Tetschener Altar* halten einer Überprüfung durch Vertreter des Mystizismus an dem neuen Gemälde Friedrichs stand.

Statt einer Verteidigung des gescholtenen Malers gerät das kleine Drama in den Mittelpunkt der Rezension. Im Vordergrund der Besprechung steht nicht eine Auseinandersetzung mit dem Bild, sondern die Reaktionen der Bildbetrachter.

Der Perspektivwechsel Brentanos vom Betrachter/Ankläger, zum Bild/Angeklagten verlagert die Konzentration der Rezension auf das Publikum. So gelingt der Dialogpart im Anschluß als eine satirische Betrachtung der Ausstellungsbesucher und dient der Unterhaltung und dem Wiedererkennungseffekt des Lesers, bei gleichzeitiger Kritik an deren Bildungsbeflissenheit und Oberflächlichkeit.[174] Dergestalt widerfahren dem Bild, wie bereits im Titel ausgedrückt wurde, „verschiedene Empfindungen".

Zwischen den Zeitungsautoren Arnim und Brentano scheint Einigkeit über die Form und den Inhalt des Artikels zu bestehen. Sie werfen sich, wie in einer Kolumne, Bälle der Ironie zu. Statt dem verbissenen Ernst, mit dem der Ramdohrstreit geführt wurde, und der langweiligen Abhandlung, die Beckedorff über die Portraitmalerei verfaßt hat, bedienen sich die zwei Schriftsteller der Persiflage auf Kunstkritiker und bildungsbürgerliches Publikum. Dieser Schlagabtausch ist hauptsächlich auf Publikumswirkung angelegt, ohne die Folgen, die diese Kritik achtzehn Monate nach der Ramdohrfehde auslösen würde, zu bedenken.[175]

---

[174] Vgl. Brors, Claudia: Anspruch und Abbruch, S. 10: „Indem die Autoren dem Gemälde selbst als dem ursprünglichen Thema ihrer Abhandlung lediglich in Hinblick auf einige eventuelle Mängel in der Ausführung Beachtung schenken und ansonsten ihr Augenmerk von ihm weg auf seine Rezipienten lenken, erfährt der Text eine Gattungsverschiebung weg von der Kunstkritik hin zu einer fast reinen Publikumssatire."

[175] Vgl. Heinrich von Kleist: Sämtliche Werke und Briefe. Bd. 3, 1990, S. 1127. Der Kommentar zu der Kunstkritik in der Ausgabe bemerkt: „Sein (und Arnims) Urteil läßt sich auf die Formel bringen: groß in der Gesinnung, unzureichend in der Ausführung."

IV. Empfindungen vor Friedrichs Seelandschaft in den Berliner Abendblätter

Herrlich ist es, in einer unendlichen Einsamkeit am Meeresufer, unter trübem Himmel, auf eine unbegränzte Wasserwüste, hinauszuschauen. Dazu gehört gleichwohl, daß man dahin gegangen sei, daß man zurück muß, daß man hinüber mögte, daß man es nicht kann, daß am Alles zum Leben vermißt, und die Stimme des Lebens dennoch im Rauschen der Fluth, im Wehen der Luft, im Ziehen der Wolken, dem einsamen Geschrei der Vögel, vernimmt. Dazu gehört ein Anspruch, den das Herz macht, und ein Abbruch, um mich so auszudrücken, den Einem die Natur thut. Dies aber ist vor dem Bilde unmöglich, und das, was ich in dem Bilde selbst finden sollte, fand ich erst zwischen mir und dem Bilde, nehmlich einen Anspruch, den mein Herz an das Bild machte, und einen Abbruch, den mir das Bild that; und so ward ich selbst der Kapuziner, das Bild ward die Düne, das aber, wo hinaus ich mit Sehnsucht blicken sollte, die See, fehlte ganz. Nichts kann trauriger und unbehaglicher sein, als diese Stellung in der Welt: der einzige Lebensfunke im weiten Reiche des Todes, der einsame Mittelpunct im einsamen Kreis. Das Bild liegt, mit seinen zwei oder drei geheimnißvollen Gegenständen, wie die Apokalypse da, als ob es Jungs Nachtgedanken hätte, und da es, in seiner Einförmigkeit und Uferlosigkeit, nichts, als den Rahm, zum Vordergrund hat, so ist es, wenn man es betrachtet, als ob Einem die Augenlieder weggeschnitten wären. Gleichwohl hat der Mahler Zweifels ohne eine ganz neue Bahn im Felde seiner Kunst gebrochen; und ich bin überzeugt, daß sich, mit seinem Geiste, eine Quadratmeile märkischen Sandes darstellen ließe, mit einem Berberitzenstrauch, worauf sich eine Krähe einsam plustert, und daß dies Bild eine wahrhaft Ossiansche oder Kosegartensche Wirkung thun müßte. Ja, wenn man diese Landschaft mit ihrer eignen Kreide und mit ihrem eigenen Wasser mahlte; so, glaube ich, man könnte die Füchse und Wölfe damit zum Heulen bringen: das Stärkste, was man, ohne allen Zweifel, zum Lobe für diese Art von Landschaftsmahlerei beibringen kann. -Doch meine eigenen Empfindungen, über dies wunderbare Gemählde, sind zu verworren; daher habe ich mir, ehe ich sie ganz auszusprechen wage, vorgenommen, mich durch die Aeußerungen derer, die paarweise, von Morgen bis Abend, daran vorübergehen, zu belehren.
cb[176]

IV. 1. Kleists „Geist" und „Verantwortlichkeit"

Diesen Artikel veröffentlicht Kleist am 13. Oktober 1810 in den *Berliner Abendblätter* mit den Kürzeln von Clemens Brentano. Augenfällig sind zwei Veränderungen. Erstens sind im Titel die „Empfindungen" ihrer Verschiedenheit beraubt und der Kapuziner, der religiöse Hinweis, ist aus der Leseorientierung verschwunden. Das zweite Merkmal ist die radikale Verkürzung, die Kleist vorgenommen hat. Der ganze mittlere dramatisch verfaßte Teil, die Dialoge, und auch der Schluß sind dem Strich zum Opfer gefallen. Lediglich prominente Autoren wie Young, Ossian, Kosegarten etc. und Begriffe wie Apokalypse, der einsame Mittelpunkt haben überlebt. In Kleists Fassung ist jede Spur der Satire auf das Bild oder ein bildungsbürgerliches Publikum, das sich selbst wieder erkennen kann, getilgt. Stattdessen wird die Prosaeinleitung modifiziert und der Verdacht, daß Friedrich mit Absicht und ausschließlich mit diesem Landschaftsgemälde wieder auf ein Altarbild gezielt hätte, eliminiert.

---

[176] Vgl. H v Kleist. Brandenburger Ausgabe. II/7 Berliner Abendblätter I, S. 61.

Kleist, der sich zum Zeitpunkt der Präsentation des *Tetschener Altar* und des Ramdohrstreites in Dresden aufgehalten und die Auseinandersetzung hautnah miterlebt hat,[177] erkennt in dem eingereichten Artikel den Zusammenhang, den Brentano und Arnim zwischen der Aussage und den Kritikpunkten des *Tetschener Altar* und dem neuen Landschaftsbild herzustellen bemüht sind. Im zeitgenössischen Kontext stellt es kein Problem dar, den Code zu entschlüsseln. So wie er in der gestrichenen Einleitung die radikale Ablehnung des speziellen Bildes herausliest, so entdeckt er in der autorisierten Einleitung gleichwohl den Versuch, dem Maler Gerechtigkeit widerfahren zu lassen, durch das Bemühen der Rezensenten das neue Landschaftsbild Friedrichs als Altarbild zu deuten.

Mit diesem Versuch scheint Kleist einverstanden zu sein. Dennoch sieht er die Hauptqualität des Artikels und des Bildes nicht ausschließlich darin, das Kunstwerk als Altarbild zu interpretieren. Es geht nicht um das Sujet als ausschließlich religiösen Verweis, nicht darum, den verborgenen allegorischen Gehalt als Vorbereitung auf das Abendmahl zu verstehen.

Kleist greift nicht nur auf die Kritik von Ramdohr zurück sondern geht deutlicher der Argumentation von Christian August Semler nach. Er weist, einerseits durch die ursprünglich politische Bestimmung des *Tetschener Altar* und andererseits durch den von Semler vorgeschlagenen Assoziationsspielraum, auf eine weitere allegorische Lesart hin. Dieser hatte lobend auf die Vielfalt der Assoziationen und die Darstellung einer ´idealischen` Welt in Friedrichs Landschaften hingewiesen.[178] Neben der Konzentration auf die pathologische Wirkung und die kontemplative Stimmung, die das schlichte Motiv hervorruft, fügt er einer religiösen Interpretation eine ´idealische`, eine Ramdohrsche ´Legende`[179] hinzu, die mit einem politischen Mythos verbunden ist.

---

[177] Gärtner, Hannelore: Stellung und Bedeutung Caspar David Friedrichs in der deutschen Romantik. Festrede zu Ehren Caspar David Friedrichs anläßlich der 200. Wiederkehr seines Geburtstages. In: Wissenschaftliche Zeitschrift der Ernst-Moritz-Arndt-Universität Greifswald. Sonderband. Rostock, Greifswald 1974, S. 6: „Der Kreis seiner (Friedrichs) Dresdener Freunde – Kleist, Körner, Tieck, Kügelgen, Kersting, Schubert, Adam Müller, Claussen Dahl, Carus – bot ihm die Möglichkeit ständigen Austausches mit dem lebendigen Kunstprozeß, den unterschiedlichsten Lebens- und Kunstauffassungen, zwang ihn zur Auseinandersetzung mit den klassizistischen Kunstdoktrinen gleichermaßen, wie mit romantischen Literaturkonzeptionen."
[178] Vgl. Journal des Luxus und der Moden. April 1809, S. 238.
[179] Fußnote 65 markiert die Textstelle Ramdohrs. „Damals wie jetzt spielte man mit Legenden, mit Deklamationen, mit Amuletten und Symbolen, damals wie jetzt verkrüppelte man die Kunst durch die Anmaßung, sie zu ihrer ersten Einfalt zurückzuführen."

Sowohl in der Deutungsoffenheit als auch in der emotionalen Kraft liegt das Neue der Kunst Friedrichs. Brentano denkt zu Anfang des Aufsatzes in der Kategorie Altarbild und läßt den Bildassoziationen in dem dramatisch verfaßten Teil, der Publikumssatire, freien Lauf, während Kleist das Publikum vollständig ausklammert, sich auf das Bild konzentriert und neue Möglichkeiten der „pathologischen Rührung" und verschiedene Assoziationen, die Kleist von Brentano zum Teil übernimmt, erkennt. Kleist wird zum uneingeschränkten Verteidiger Friedrichs und beurteilt das Kunstwerk, in aller Kürze, hymnisch.

IV. 2. Vergleich der Einleitung Kleists mit der Einleitung in der *Iris* von 1826

Dem Gedanken, der auf die Matthäusgeschichte anspielt und von dem Brentano im Angesicht unendlicher Einsamkeit am Meeresufer ergriffen wird, folgt Kleist unter Vorbehalten. Zunächst bestätigt und verstärkt er durch die Inversion in „Herrlich ist es,......" den Eindruck, den die reale Situation auslöst. Brentanos spezifische „unendliche Einsamkeit" wird bei Kleist zu einer unbestimmten (in einer unendlichen Einsamkeit). Das eingeschobene adversive „gleichwohl" artikuliert die Bedingung die erfüllt sein muß, die Kleist im Konjunktiv formuliert, „daß man dahin gegangen sei", um diesen Zustand zu empfinden. Den Wunsch, auf die andere Seite des Wassers zu gelangen, verändert Kleist in „daß man hinüber möge". Er artikuliert den Wunsch wieder im Konjunktiv, daß man hinüber mögen könnte, d.h. eine religiöse Anwandlung möglich ist, aber nicht unbedingt stattfinden muß.

Den bis dahin erfolgten Relativierungen folgt jetzt die erste, einschneidende inhaltliche Korrektur. Die Formulierung Brentanos von „seine Stimme", die (in dieser Auslegung) als Gottes Stimme gedeutet worden ist, verändert Kleist. Statt dem direkten und spezifischen Hinweis auf Gott spricht Kleist stattdessen davon:

> „daß man Alles zum Leben vermißt, und die Stimme des Lebens dennoch im Rauschen der Fluth [..] vernimmt".

Erstens wird aus einem christlich gedeuteten Hinweis ein pantheistischer.[180] Zweitens wird der Gegensatz zu der Tatsache, daß der Mensch das Wasser nicht überwinden kann und deshalb „alles zum Leben vermißt", weil ihm die göttliche Vereinigung mit der Natur nicht möglich ist, durch das hinzugefügte „dennoch" direkt nach der Formulierung „die Stimme des Lebens" verstärkt. Das Leben selbst, und nicht ein spezifischer Gott, ist bei Kleist auch ohne die Möglichkeit einer christlichen Vereinigung in der Natur zu vernehmen.

Trotz erster Modifizierungen bleibt Kleist noch in der Bilderwelt Brentanos verhaftet bzw. folgt seiner mythisch/religiösen Empfindung. Das folgende, zwischen „dazu gehört ein Anspruch, den das Herz macht, und ein Abbruch," von Kleist eingeschobene:

„um mich so auszudrücken"

und „den Einem die Natur thut", weist auf die Vorbehalte gegenüber dem Herzensanspruch (der Vereinigung mit Gott) und dem Naturabbruch hin. Natürlich kann der Mensch nicht auf dem Wasser gehen. Allein der Gedanke, die Möglichkeit der Umsetzung dieses Anspruches ist bei aller romantisch/religiösen Bedürftigkeit im Nachzeitalter der Aufklärung nicht möglich.

Kleist übernimmt das Scheitern dieser religiös/pathologischen Empfindung von Brentano im Angesicht des Bildes, „dies aber ist vor dem Bilde unmöglich" aber er entzieht ihr im Folgenden die Ursache. Brentano hatte von einem:

„Anspruch, den mir das Bild tat, indem es denselben nicht erfüllte"

gesprochen und damit seine Erwartung an das Gemälde als Altarbild artikuliert. Kleist hingegen formuliert:

„einen Anspruch, den mein Herz an das Bild machte"

und wiederholt damit den „Anspruch des Herzens" aus dem vorherigen Satz. Für Kleist kann weder die Natur noch das Bild diesem Anspruch gerecht werden. Es bleibt ein unerfüllbarer Herzenswunsch. Durch die Wiederholung jedoch wird die Differenz zwischen Brentano und Kleist deutlicher. Der Unterschied liegt in der Perspektive des Betrachters. Für Brentano erhebt

---

[180] Allgemeine Encyklopädie der Wissenschaft und Künste. Dritte Section. Zehnter Theil. Leipzig 1838. Selbst die kritischen Erläuterungen aus diesem Brockhausband würden zu weit führen, deshalb werden nur die notwendigsten Aspekte genannt. S. 446 „Nach der Etymologie wäre der Pantheismus die Lehre, das Gott das All sei..[..] Ebenso wenig, wie in dem Pantheismus Gott Alles Einzelne ist, kann gesagt werden, daß der Pantheismus eine totale Einheit Gottes und der Welt lehre." S. 447: „In der Vergötterung der Welt wird also nothwendig die Welt anders aufgefaßt, als es die gewöhnliche Vorstellung thut; denn sogleich durch diese Vergötterung hört sie auf blos der Inbegriff des Endlichen zu sein."
Roters, Eberhard: Malerei des 19. Jahrhunderts: Themen und Motive. Bd.1. Köln 1998, S. 249: „Caspar David Friedrichs *Mönch am Meer*, sagte ich, sei das Altarbild des modernen Menschen. Es veranschaulicht die Begegnung des unendlichen Subjektiven mit dem unendlichen Objektiven im Konvergenzpunkt der augenblicklichen Wirklichkeit. Im Gleichnis der Landschaft zeigt es die Welt als „Resultat einer Wechselwirkung zwischen mir und der Gottheit" aus einer „Geisterberührung" wie Novalis es formuliert hat."

das Bild den Anspruch, Altarbild zu sein, den es in der Wirkung nicht einlöst. Für Kleist geht der Anspruch an die Wirkung des Bildes, wie der Anspruch an die Stimme des Lebens vom Subjekt, dem Herzen des Betrachters aus.

Das Bild selbst ist unschuldig und stellt eine aufgeladene (Brentano) bzw. aufladbare (Kleist) Projektionsfläche dar, in die der Betrachter seine konditionierten oder naiven Erwartungen hineinlesen kann. Die beiden Autoren argumentieren von unterschiedlichen Positionen – der erwarteten Wirkung, bzw. unverhofften Wahrnehmung - und Verantwortlichkeiten. Mit dem Anspruch, den das Herz an das Bild macht, übernimmt Kleist die Verantwortung für seine Wahrnehmung, während Brentano die Verantwortung und das Versagen dem Altarbild erteilt.

Gleichwohl übernimmt Kleist den Perspektivwechsel Brentanos und schließt sich der Identifikation mit dem Kapuziner im Bild an. Hatte Brentano, als Kapuziner auf der Düne stehend, aus dem Bild heraus die Ausstellungsbesucher vor Augen, ändert Kleist die Formulierung „wo hinaus ich mit Sehnsucht blickte" in eine Aufforderung „wo hinaus ich mit Sehnsucht blicken sollte."[181] Kleist folgt zwar dem Positionswechsel Brentanos, verweigert jedoch Brentanos unsichtbare Zuhörerperspektive. Die vorbeiflanierenden Bildbetrachter bilden kein Äquivalent zur See, die „fehlte ganz." Stattdessen setzt Kleist rigoros den Stift zum Strich an Brentanos Aufsatz an. Mit dem folgenden Satz übernimmt Kleist die Führung im Text. Statt der belauschten Dialoge erfolgt für Kleist die Erkenntnis, daß der Grad an Identifikation, der pathologische Rührung zur Folge hat, auf diesem Platz unerträglich ist.

IV. 2. 1. Abweichungen in der Handschrift

Entgegen dem Brentanotext in der Iris-Veröffentlichung stammt die Formulierung:

> „Das was ich vor ´in` dem Bilde selbst finden sollte, fand ich erst zwischen mir und dem Bilde, nehmlich einen Anspruch, den mein Herz an das Bild machte, und einen (Abbruch) Abbruch den mir das Bild that, indem es denselben nicht erfüllte"

von Brentano. Kleist hat die Wiederholung des Anspruchs des Herzens und des Abbruchs in der Veröffentlichung der „Berliner Abendblätter" aus der Handschrift Brentanos übernommen und lediglich den letzten Teil des Satzes „indem es denselben nicht erfüllte" und der in der Originalversion das Versagen des Bildes doppelt artikuliert, gestrichen. Durch diesen Strich wird der Abbruch, den das Bild dem Betrachter tut, relativiert und Brentanos Schuldzuweisung an das Bild abgeschwächt.

---

[181] Vgl. Apel, Friedmar: „....Nur ich allein ging leer aus.", S. 126.

In der *Iris*-Textfassung ist deshalb eine Veränderung vorgenommen worden, die auf das Bildobjekt, das einen Anspruch an das Betrachtersubjekt erhebt, deutlich verweist:

„…nämlich einen Anspruch, den mir das Bild tat, indem es denselben nicht erfüllte.“

Das Herz des Betrachters, das Subjekt, das noch in der Handschrift und der Kleistversion einen aktiven Anspruch an das Bild stellte, fällt in der Iriskorrektur weg. In dieser Fassung ist von einem passiven Konsumenten, der von dem Bildangebot enttäuscht wird, die Rede.

Nimmt man diese Textveränderungen ernst, betrachtet zuerst genau die Handschrift, im Anschluß die Version Kleists in den *Berliner Abendblätter* und dann wieder den Brentanotext, jetzt aber ca. 15 Jahre später, zum ersten Mal veröffentlicht in der *Iris*, erkennt man, daß die vorgenommenen Korrekturen zu einer klaren Position beitragen sollen.

Deshalb kann Christian Begemann bei der Übertragung der Kleistschen Formulierung der „Stimme des Lebens" in die Brentano-Analyse in keinem Fall zugestimmt werden. Die Möglichkeit zur Übernahme dieser Formulierung Kleists war in der *Iris* gegeben, es wurde aber kein Gebrauch davon gemacht.

Im Gegenteil: Die Version besteht auf ihren spezifischen Hinweis. Die christliche Anspielung bleibt erhalten, und stattdessen wird das erotisch aufgeladene Gespräch im letzten Dialog zwischen der Dame und dem Herrn eingestrichen. Die anzüglich benutzten biblischen Verweise werden getilgt. Die größte Frechheit, der derbste Kalauer, verschwindet. So präsentiert sich 1826 eine humoristisch gemäßigte Variante der Rezension, die unzüchtige Wortspielereien mit der Religion unterbindet und deutlichst das Versagen des Landschaftsbildes als Altargemälde artikuliert.

IV. 3. Pathologische und ästhetische Rührung

„Nichts kann trauriger und unbehaglicher sein, als diese Stellung in der Welt: der einzige Lebensfunke im weiten Reiche des Todes, der einsame Mittelpunct im einsamen Kreis."[182]

Mit dieser Stimmungsbeschreibung übernimmt Kleist eindeutig den „Geist" und die „Verantwortlichkeit" in der Rezension. Kleists Kapuziner kommuniziert nicht mit den Bildbetrachtern. Die von Ramdohr aufgeworfene und von Brentano verfolgte Frage „Altarbild oder nicht Altarbild" wird endgültig abgebrochen. Stattdessen vertieft sich Kleist in den Vorwurf Ramdohrs:

„Wäre es möglich, die Kunst könnte uns in eine wahre pathologische Rührung versetzen, so fiele die ästhetische weg."

Mit Einnahme der Kapuzinerposition läßt Kleist bildimmanente pathologische Rührung zu, die so überwältigend in ihrem Nihilismus ist, daß Kleist diese Position verlassen muß, um im nächsten Satz - „Das Bild liegt [...] wie die Apokalypse da, als ob es Youngs Nachtgedanken hätte" - das Gemälde wieder von außen, ästhetisch und dennoch affektiv betrachtet, als eine Offenbarung zu beschreiben. Selbst vom Standpunkt des Außenbetrachters löst das Bild eine Endzeitstimmung aus. Indem Kleist in der Beschreibung von innen nach außen springt, spielt er virtuos mit den pathologisch/ästhetischen Rührungen des Betrachters. Ästhetische und pathologische Rührung - bei Ramdohr unvereinbar – sind bei Kleist symbiotisch miteinander verbunden. Keine der beiden Empfindungen muss geopfert werden; im Gegenteil: Es findet eine Ergänzung statt.

---

[182] Rudzilova, Evelina: Caspar David Friedrich und Wahrnehmung von der Rückenfigur zum Landschaftsbild. Münster 1998, S. 39: „Friedrich sieht die Kunst als ‚eigentlichen` Mittelpunkt der Welt und illustriert dies graphisch." Anschließend folgt die Kopie eines Briefausschnittes von Friedrich mit der Zeichnung eines Kreises und der dazugehörige Text von Friedrich „Denn sehr wohl wussten jene achtungswerten Meister, dass die Wege, so zur Kunst führen, unendlich verschieden sind; dass die Kunst eigentlich der Mittelpunkt der Welt, des höchsten geistigen Strebens ist, und die Künstler im Kreise um diesen Punkt stehen. Und so kann es sich leicht zutragen, das zwei Künstler sich gerade entgegenkommen.[die Graphik] Denn die Verschiedenheit des Standpunktes, ist die Verschiedenheit der Gemüter, und sie können auf entgegesetztem Wege beide ans Ziel erreichen." Roters, Eberhard: Malerei des 19. Jahrhunderts, S. 242: „Ewigkeit ist die vollendete Zeit; sie ruht in sich selbst. Unendlichkeit ist der vollendete Raum; sie kehrt in sich selbst zurück. Ein flächiges Abbild der Unendlichkeit ist der Kreis mit seiner in sich selbst zurückkehrenden Peripherie. [.] Das Abbild der Peripherie in Richtung auf das unendlich Große ist der Kosmos, das Abbild des Mittelpunktes in Richtung auf das unendlich Kleine ist das Ich. Das Ich ist der Ort, an dem sich das unendlich Große und das unendlich Kleine begegnen. Der Ich-Punkt ist der Ort der Individuation. Er ist der Ort des Menschen. Caspar David Friedrichs *Mönch am Meer* bezieht sich auf ebendieses Verhältnis und vermittelt dem Betrachter das Erlebnis des Ich-Punkts in seinem eigenen Umraum. Die Wechselwirkung zwischen der Wahrnehmungsperipherie als Widerschein des unendlichen Großen und der aufrecht stehenden Mönchsgestalt als Manifestation des Ich-Orts ist augenfällig."

Die Differenz zwischen Kleist und Brentano liegt in den Perspektivwechseln. Brentano stellt einen Vergleich zwischen der realen Situation und der Bildumsetzung auf der Ebene Altarbild her und bemerkt eine Differenz. Es gibt keine Deckungsgleichheit im pathologischen Empfinden. Als er das Versagen des Gemäldes konstatiert, verändert er seine Perspektive und begibt sich auf die Kapuzinerposition in das Bild hinein. Von diesem Standpunkt aus beobachtet er die Zuschauer und bleibt dort, bis der letzte Dialog vor dem Werk, das er ursprünglich als Altarbild gesehen hatte, in einem erotischen Werben mündet. Das Auftauchen Arnims objektiviert die Situation, und dieser unternimmt noch einmal den Versuch, das Bild sachlicher zu bewerten.

Kleist hingegen folgt Brentano in seiner Erwartung, das Gemälde als Altarbild zu lesen, übernimmt auch den Einstieg in das Bild, nur reagiert er auf dieser Position (Beteiligter im Bild) pathologisch ausgeliefert, ohne eine Möglichkeit zu ästhetischer Distanzierung. Deshalb ist es für ihn als Rezensenten notwendig, sich wieder auf eine Position vor dem Gemälde zu begeben. Er steigt aus dem Bild aus.

Im Folgenden beschreibt Kleist verschiedene pathologische Rührungen, die das Bild erzeugt. Erstens liegt das Bild selbst wie „die Apokalypse" da. Diese religiöse Anspielung bringt Kleist zusätzlich mit dem literarischen Bestseller, *Nachtgedanken* von Edward Young, in Verbindung. Zweitens stellt er einen Bezug zwischen dem Rahmen im Vordergrund und der Einförmigkeit und Uferlosigkeit des Bildmotivs her. So zusammen gelesen, löst das Bild wieder eine neue Stimmung aus, die noch wuchtiger in der Emotion ist.

Wie ein Maschinengewehr bietet Kleist – zum Teil von Brentano aus der Publikumssatire übernommene - pathologische Reaktionsmöglichkeiten an.

IV. 4. Die Bedeutung des Bildrahmens

Der Rahmen um das Gemälde der *Seelandschaft* stellt auf den ersten Blick eine normale, übliche Bildbegrenzung dar und ist bei weitem nicht so spektakulär und sinnstiftend wie beim *Tetschener Altar*. Dennoch erwähnt Kleist in den wenigen, völlig eigenen Sätzen der Besprechung den Rahmen und mißt ihm eine Bedeutung bei, die zu dem Satz „als ob Einem die Augenlider weggeschnitten wären" führt.

„Die neue Funktion des Bildrahmens ist ebenfalls aus Kleists Rückgriff auf die Kritik Ramdohrs zu sehen."[183] Der Rahmen um das ursprüngliche *Kreuz im Gebirge* hatte maßgeblich zur Kodifizierung als Altarbild beigetragen. Der *Seelandschaft* ist ein derart bedeutungsstiftender Rahmen nicht beigegeben. Gleichwohl haben der Dresdener Rahmen und die Diskussion um ihn

---

[183] Vgl. Müller, Gernot: Man müßte auf dem Gemälde selbst stehen, S. 215.

ihre Spuren hinterlassen. Friedrichs Rahmen stellen nicht nur eine konventionelle Bildbegrenzung dar. Da sich in der Umrandung der *Seelandschaft* keine christliche Ikonographie zeigt, fehlt somit ein zusätzlicher Hinweis auf ein Altarbild. Dennoch kann der schlichte Rahmen zum Bildinhalt zugehörig mitgelesen werden.

Indem Kleist eine Beziehung zwischen dem Rahmen und dem Bild zum Verständnis der Allegorie aufgreift, erklärt er seine Auffassung von der Bedeutung des Rahmens.[184] Dieser gibt dem Bild mit seinem Motiv den einzigen Vordergrund und dient somit einerseits als eine Bildbegrenzung, welche eine motivische Ausuferung verhindert, als auch dem Betrachter seine Position vor dem Bild bewusst macht. Der Rahmen bietet der „Einförmigkeit und Uferlosigkeit" eine Grenze, indem er die Orientierung zu den Seiten markiert und nach vorne einen Halt zur Verdeutlichung der externen Betrachterposition bietet.

Kleist interpretiert die emotionale Ausdruckskraft des Bildes sowohl auf einer bildimmanenten Ebene, durch den von Brentano vorgeschlagenen und von Kleist nachvollzogenen Positionswechsel, als auch auf einer externen Ebene, die durch die Wechselbeziehung zwischen dem Rahmen und dem Bild:

> „und da es, in seiner Einförmigkeit und Uferlosigkeit, nichts, als den Rahm, zum Vordergrund hat"

und dem Rahmen und dem Betrachter des Bildes zu Stande kommt, und eröffnet dem Rezipienten eines „Landschaftsbildes" eine zusätzliche, für die damalige Zeit neue Dimension der Beteiligung. Der pathologische, affektive Vorgang im Innern des Bildes - auf der Position des Kapuziners - wird durch die Rahmenbegrenzung gesteuert. Der Rahmen bildet eine Hilfestellung, um Distanz zu wahren und sich der „ästhetischen Rührung" bewußt zu werden. Gleichwohl kann diese Brücke die bis dahin auf die Ästhetik beschränkte Betrachterwahrnehmung, die „pathologische Rührung", nicht verhindern. Einem zweidimensionalen Bild wird durch den Rahmen eine dritte Dimension hinzugefügt. Diese für die damalige Zeit „innovativen Impulse"[185] erkennt Kleist. Bei Friedrich findet Kleist seinen eigenen Anspruch an die Möglichkeiten des Ausdrucks durch Kunst wieder.

---

[184] Vgl. Begemann, Christian: Brentano und Kleist vor Friedrichs Mönch am Meer, S. 83: „Eine solche Rahmung leistet zweierlei. Zum einen begrenzt sie das Unermeßliche auf einen gerade noch erträglichen Ausschnitt," [..] „Zum anderen wird dem Betrachter ein Standort vor dem Rahmen angewiesen."
Hofmann, Werner: Caspar David Friedrich, S.44: „In der Sprache des heutigen Kunsthistorikers übertragen, liest sich dieser Sachverhalt etwa so: „Das Kreuz im Gebirge" ist wesentlich von der Koppelung bzw. Konfrontation verschiedener formaler Höhenlagen (Modi) gekennzeichnet. Sie finden statt erstens innerhalb des Gemäldes, zweitens innerhalb des Rahmens und drittens im Wechselbezug zwischen Rahmen und Bild. Das alles sind Merkmale, in denen wir heute die innovativen Impulse des „Altars" erkennen."
[185] Hofmann, Werner: Caspar David Friedrich, S.44.

Die Forderung Kleists, sein Inneres ohne Umwege direkt und verständlich nach außen zu transportieren, hatte er in den *Berliner Abendblättern* in dem „Brief eines Dichters an einen anderen" formuliert:

„Wenn ich beim Dichten in meinen Busen fassen, meinen Gedanken ergreifen, und mit Händen, ohne weitere Zutat in den deinigen legen könnte: so wäre, die Wahrheit zu gestehn, die ganze innere Forderung meiner Seele erfüllt."[186]

Der Anspruch, der in dieser Formulierung steckt, versteht den Gedanken, das intellektuelle Vermögen, nicht als einen ausschließlichen Schöpfungsakt des Gehirns, sondern sieht den Geburtsort des Denkens in der Mitte des Körpers, im Busen, dem Ort, der das Herz birgt und für Gefühle verantwortlich ist. Nur die unmittelbare Kombination, das Zusammenwirken von Gefühl und Verstand und die aufrichtige Übermittlung zu einem Gegenüber erfüllen die Anforderungen die Kleist an die Dichtung stellt.

Der Maler Friedrich erfüllt diese Forderung Kleists in seiner Kunst. Ihm gelingt eine direkte und unverfälschte Übersetzung einer Landschaftsdarstellung sowohl auf ästhetischer als auch auf pathologischer Ebene. Selbst aus der Position des distanzierten Ästheten ist die pathologische Rührung so überwältigend, „als ob einem die Augenlider weggeschnitten wären". Ein starkes Bild, ein Folterbild!

Hatte Brentano zur Verdeutlichung seines Bemühens, das Landschaftsbild als Altarbild zu lesen, auf einen christlichen Mythos zurückgegriffen, dessen selbstverständliches Wissen er voraussetzte, bedient sich Kleist zur Untermauerung seiner These – der pathologischen Wirkmächtigkeit eines allegorischen Landschaftsbildes - ebenfalls eines Rückgriffs in die Vergangenheit. Allerdings benutzt er kein religiöses Motiv sondern greift auf ein historisch/politisches Ereignis zurück.

---

[186] H. v. Kleist: Sämtliche Werke. Brandenburger Ausgabe. II/8 Berliner Abendblätter II. Hg.: Roland Reuß, Peter Staengle. 5.1.1811, S. 23-26.

IV. 5. Zur historischen Referenz: Regulus

Dem grausamen Folterbild liegt eine verschollene, historische Geschichte, ´eine Legende` zu Grunde, die im Jahre 1810 noch im Allgemeinwissen verankert ist. Diese ´Legende` bietet einen weiteren Schlüssel zum Verständnis der „kongenialen"[187] Kritik, da sich hinter der Aussage „als ob einem die Augenlider weggeschnitten wären" kein rein interpretatorischer sondern durch einen mythologischen Verweis hervorgerufener tieferer Sinn verbirgt.

„Kleists Schreiben [..] setzt ein mit der Thematisierung der Frage nach dem Glück."[188] 1799 offenbart Kleist seinem Freund Rühle von Lilienstern in einem:

> „Aufsatz, den sicheren Weg des Glücks zu finden und ungestört - auch unter den größten Drangsalen des Lebens - ihn zu genießen!"[189]

seine Vorstellung von wahrem Glück und kommt zu der Erkenntnis: „Die Tugend macht nur allein glücklich."[190] Wiederholt erinnert Kleist an historische Vorbilder wie Sokrates, Christus, Leonidas und Regulus, die alle „schöne herrliche Charaktergemälde großer erhabener Menschen" darstellten und „deren ganzer Lebenslauf Tugend"[191] gewesen sei. Gemeinsam war diesen Personen die Bereitschaft, für ihre Überzeugung ein ungerechtes Todesurteil in Kauf zu nehmen, obwohl ihr Leben und ihre Taten von Tugend bestimmt waren. Kleist folgert aus ihrer selbstlosen, der Allgemeinheit verpflichteten Aufopferung, „auf welche Höhe der Mensch sich stellen, wie nah er an die Gottheit treten kann!"[192]

Der zukünftige Dichter zitiert diese Männer der Geschichte als Beispiele und Vorbilder für wahre Glücksfindung. Den Preis für die Standhaftigkeit der Tugend bezahlen diese Menschen – trotz abwendbarer Todeserwartung – mit ihrem Leben.

Der römische Feldherr Marcus Atilius Regulus besiegte 256 vor Christus während des 1. Punischen Krieges die karthagische Flotte, landete in Afrika und verlor gegen den griechischen Söldnergeneral Xanthippos die Schlacht um Karthago. Er wurde als Gefangener nach Rom geschickt, um ein Friedensangebot der Karthager zu überbringen, sprach sich jedoch im Senat dagegen aus und kehrte freiwillig nach Karthago zurück, obwohl er wusste, dass man ihn dort grausam töten würde.

---

[187] Vgl. Hofmann, Werner: Caspar David Friedrich, S. 56.
[188] Schulte, Bettina: Unmittelbarkeit und Vermittlung im Werk Heinrich von Kleists. Göttingen, Zürich 1988, S. 13.
[189] Vgl. Heinrich von Kleist: Sämtliche Werke und Briefe in vier Bänden. Bd. 3. 1982, S. 301-315.
[190] Ebd., S. 303.
[191] Ebd., S. 313.
[192] Ebd., S. 314.

Ein erstes präzises Zeugnis über das Schicksal des Regulus findet sich in der römischen Geschichtsschreibung bei Cicero, der ca. 55 vor Christus in seiner Rede gegen Piso über Regulus` Heldentum und Tugendhaftigkeit zu berichten weiß:

> „Würde ich mich wohl, wenn ich dich und Gabinius ans Kreuz geschlagen sähe, mehr über die Zerfleischung eurer Glieder freuen, als ich mich jetzt über die eures Namens freue? Nichts darf als Schande gelten, was durch Zufall auch rechtschaffene und wackere Männer treffen kann. Und das sagen sogar deine Griechen, die Verehrer der Lust — wenn du doch so auf sie hörtest, wie sie es verdienen! Du hättest dich niemals in einen solchen Abgrund von Lastern gestürzt. Doch du hörst sie nur in den Kneipen, hörst sie nur bei der Unzucht, hörst sie nur über Speisen und Wein! Die aber sagen selbst – sie, die das Übel mit dem Schmerz, das Gute mit der Lust gleichsetzen – der Weise werde, auch wenn man ihn in den Stier des Phalaris stecke und auf einem darunter befindlichen Feuer röste, erklären, es gehe ihm gut, und sich nicht im geringsten aus der Ruhe bringen lassen; sie meinten, die Tugend habe eine solche Kraft, daß ein guter Mensch unter keinen Umständen nicht auch glücklich sei.
>
> „Was ist nun wirklich eine Strafe, eine Schande? Meiner Meinung nach, was nur einem Schuldigen zustoßen kann: eine Schlechtigkeit, die man begeht, ein verstörtes und bedrücktes Gewissen, die Abneigung Rechtschaffener, die brandmarkende Rüge des Senats, der Verlust der Ehre. Daher ist, scheint mir, weder dem berühmten M. Regulus, dem die Karthager die Augenlider wegschnitten und den sie, indem sie ihn an ein drehbares Gerüst banden, durch Schlaflosigkeit töteten, eine Schande widerfahren, noch dem C. Marius, den das von ihm gerettete Italien im Versteck der Sümpfe von Minturnae und den das von ihm besiegte Afrika als schiffbrüchigen Flüchtling zu sehen bekam. Das sind nämlich Schläge des Schicksals, nicht Folgen eigener Schuld; die Schande aber ist die Strafe für eine verwerfliche Handlung."[193]

Nach einem Plädoyer für die Tugend werden beispielhafte Männer zitiert, die eine vermeintliche Strafe oder Schande durch ihr Verhalten in das Gegenteil verkehrt haben. Römischen Politikern und Autoren ist das Leben und das grausame Ende des Regulus noch zweihundert Jahre nach dessen Tod präsent.

Der Stoff wird sich lange erhalten und in die Literatur- und Geschichtsschreibung eingehen. Noch 1741 ist im Universallexikon unter Regulus und speziell in Bezug auf sein Ende in Karthago nachzulesen:

> „...und den Regulum mit ihren Gesandten nach Rom schickten, einen Frieden auszuwürcken, allein den Regulum auch durch einen Eid obligirten, sich wieder in seine Gefangenschaft einzustellen, wo der Friede nicht erfolgte. Weil er aber solche meist selber widerrieth, und gieng er folgentlich wieder nach Carthago zurück, woselbst ihn seine Feinde nahmen, und, nach einigen, als sie ihm die Augenlider abgeschnitten, mit stetem Wachen zu Tode peinigten, nach andern aber, in ein Faß steckten, so dergestalt voller Nagel geschlagen war, daß die Spitzen insgesamt einwarts giengen, und ihn so dann so lange herumwalzten, bis er crepirete, doch aber sind auch einige, welche behaupten, daß er allerdings eines natürl. Todes gestorben sey."[194]

---

[193] Cicero, Marcus Tullius: Sämtliche Reden. Band VI. Zürich 1980, S. 169, 170.
Vgl. Hierzu das Buch von Fröhlich, Uwe: Regulus, Archetyp römischer Fides. Das sechste Buch als Schlüssel zu den Punica des Silius Italicus. Bd. 6. Tübingen 2000.
In dem Buch 6 der Punica des Silius Italicus erinnert sich der Erzähler Marus S. 35: „wie Regulus nach seiner eidlich verbürgten Rückkehr nach Karthago im Marterkasten *placido ore* zu Tode kam und sich als „moralischer Sieger" anhaltenden Ruhm erwarb."
S. 302: „Denn statt seine Hinrichtung zu einem erniedrigenden Schauspiel geraten zu lassen, wie Marus befürchtet hatte (ludibrium necis horrescens, V.524), bewahrte sich Regulus vermöge seiner exemplarischen *virtus* auch in den Stunden tödlicher Folter seine Würde und durchkreuzte die Absichten seiner Henker, indem er alle noch so schlimmen Qualen *placido ore* ertrug."
S. 306: „Nicht von quälender Müdigkeit, sondern von schmerzhaften Blendungen berichtet demgegenüber L.(?) Aelius Tubero (hist. 9 Peter = Gell. 7,4,2f.)."
S. 306: „Da excruciare häufig „zu Tode quälen" bedeutet (ThLL 5, 1286, 12ff., bes. 31-32, 41-43, 48f. und 57f.), darf man vermuten, daß Tubero die fortgesetzten Blendungen auch für Regulus Hinscheiden verantwortlich machte."
S. 307: „Wie effektvoll sich die beiden annalistischen Traditionen harmonisieren lassen, führt Tuberos Zeitgenosse Cicero vor, indem er Regulus resectis palpebris inligatum in machina vigilando zu Tode kommen läßt (Pis. 43); dabei fällt auf, daß Cicero auch insofern über Tubero hinausgeht, als er von einer richtiggehenden Entfernung der Augenlider berichtet und die Leiden des Atiliers um eine grausame Verstümmelung vermehrt."
[194] Zedler, Johann Heinrich: Großes vollständiges Universal Lexikon Aller Wissenschaft und Künste. Bd 30. Leipzig, Halle 1741, S. 1918.

Selbst 1792 übersetzt der Pfarrer und Dichter Ludwig Theobul Kosegarten in einer sechsten Auflage, die römische Geschichte aus dem Englischen von Dr. Goldsmith und berichtet im 15. Kapitel *Vom Anfang des ersten punischen Krieges bis zum Anfang des zweyten, da Rom anfieng mächtig zur See zu werden* ausführlich über die Taten des Regulus und beschreibt seinen Entschluß nach Karthago zurückzukehren, und sein Ende folgendermaßen:

> „Standhaft beharrte er auf der Erfüllung seines Versprechens, und, wiewohl der Marten sattsam kundig, die bey seiner Rückkehr seiner harrten, schied er ohne die Seinigen zu umarmen, oder von seinen Freunden Abschied zu nehmen, von dannen, und zog mit den Gesandten nach Carthago zurück. Nichts glich der Wuth und Befremdung der Carthager, als sie von ihren Gesandten erfuhren, daß Regulus, statt den Frieden zu befördern, die Fortsetzung des Krieges bewirkt habe. Mit den erlesensten Martern beschlossen sie seine große That zu vergelten. Sie schnitten ihm die Augenlieder ab und stürzten ihn in seinen Keller zurück. Dann mit einmal stellten sie sein entblößtes Angesicht den stechenden Sonnenstrahlen bloß. Dann verspündeten sie ihn in ein Faß, das nach innen mit spitzigen Nägeln eingeschlagen war, und in dieser martervollen Lage ließen sie ihn umkommen."[195]

Drei Quellen weisen an dieser Stelle empirisch die Bekanntheit des Stoffes nicht nur für den lateinkundigen Leser nach. Insbesondere sein Ende, das Martyrium, dem Regulus ausgesetzt war und unter dem er – als eine von vielen Foltermethoden – mit abgeschnittenen Augenlidern zu leiden hatte, bleiben als außergewöhnlich tapferes und spektakuläres historisches Ereignis im Gedächtnis haften. Dem Leser oder Zuhörer eröffnet sich durch die Foltermethode der abgeschnittenen Augenlider eine Dimension, die als reales Bild kaum vorstellbar ist. Die Geschichte des römischen Kriegers wird um 1800 noch als Vorbild und Beispiel für bedingungsloses und tugendhaftes Verhalten, welches zu wahrem Glück führt, rezipiert. Für Kleist und seinen Freund Rühle von Lilienstern reicht die Erwähnung des Namens, um sich über „den sicheren Weg des Glücks zu finden und ungestört – auch unter größten Drangsalen des Lebens – ihn zu genießen!" zu verständigen.

Daß der Regulusstoff nicht nur im Geschichtsbewußtsein verankert ist, zeigt auch die Beschäftigung im künstlerischen Bereich. Im Jahre 1750 komponiert Pietro Metastasio das musikalische Drama *Attilio Regolo*, 1774 verfasst Claude Joseph Dorat die Tragödie *Regulus* und noch 1802 schreibt Joseph v. Collin - mit dem Kleist während der Dresdener Phöbuszeit in brieflichem Kontakt steht und zur Mitarbeit (u.a. durch Szenen aus den Werken eigener großer dramatischer Arbeiten) einlädt[196] - ein Drama mit dem Titel *Regulus*.

---

[195] Kosegarten, Ludwig Theobul: Dr. Goldsmith`s Geschichte der Römer von der Erbauung der Stadt Rom bis auf den Untergang des abendländischen Kaiserthums. Aus dem Englischen nach der sechsten Ausgabe neu übersetzt und mit einer Geschichte des Oströmischen Kaiserthums ergänzt von Ludwig Theobul Kosegarten, der Vernunftweisheit Doctor, der Stadtschule zu Wolgast. Leipzig 1792, S. 210.
[196] Vgl. Heinrich von Kleist: Sämtliche Werke und Briefe in vier Bänden. Bd. 4. 1982, S. 809, 810.

Auf diese Kenntnis um Regulus kann Kleist bei einem Teil der Leserschaft bauen.[197] Gleichzeitig bedient er als Redakteur mit diesem „monströs"[198] anmutenden Folterbild ein breites Publikum: „In allen Kreisen und Ständen und sogar vom König wurden die Abendblätter gelesen."[199]

Kleists Antwort auf Ramdohr und Brentano heißt Regulus. Der Betrachter wird vor diesem Gemälde zu Regulus, einem unkorrumpierbaren Patrioten. Mit einem exponierten Satz „als ob einem die Augenlider weggeschnitten wären" zitiert der Dichter eine bis dahin verbürgte historische Begebenheit und verkürzt die Aussage des komplexen geschichtlichen Vorgangs pointiert.

Die Qualität der pathologischen Rührung ist für den Betrachter und die Bildfigur identisch. Diese „Stellung in der Welt", innerhalb des Rahmens und vor dem Rahmen, der Ausblick der Bildfigur und des Betrachters sind dem Bewusstsein des Todes zugewandt. Wobei die Bildfigur den einzigen Lebensfunken darstellt, hingegen der Betrachter – Regulus, Inbegriff der Tugendhaftigkeit – durch die Wirkung des Gemäldes in göttliche Nähe gehoben wird.

Diese von Kleist gestellte Forderung an „die Eigenschaft aller echten Form, daß der Geist augenblicklich und unmittelbar daraus hervortritt"[200] erfüllt Friedrich, und Kleist erklärt das Bild und die Fähigkeit des Malers mit dem Verweis auf Regulus damit zu einer Sensation. Der Dichter widerlegt nicht nur die Behauptung Ramdohrs der absoluten Unfähigkeit der Allegorisierung in der Landschaftsmalerei, indem er einen Vergleich „einer sehr bekannten Begebenheit aus der Geschichte" anführt, sondern beantwortet gleichzeitig die Forderung Ramdohrs, die allegorische Deutung des Gemäldes sowohl außerhalb als auch im Rahmen zu suchen. Zusätzlich versetzt und erhebt Kleist den Betrachter auf einen Grad, eine Qualitätsebene pathologischer Rührung, der die von Ramdohr an erster Stelle geforderte ästhetische Rührung überflüssig macht. Es findet eine „suggestive Aufhebung der ästhetischen Grenze"[201] statt. Geradezu provozierend erscheint die Anführung oder zumindest die Assoziationsmöglichkeit des Regulusmythos angesichts Ramdohrs Vorsehung des bevorstehenden Untergangs der römischen Monarchie und des damit

---

[197] Fröhlich, Uwe: Regulus, Archetyp römischer Fides, S. 75.:
„E. R. MIX hat sich die Mühe gemacht, alle bekannten literarischen Reflexe der Regulus-Geschichte in einer „Chronological Table of Sources" zusammenzustellen, die mit Polbios beginnt und bis ins 19. Jahrhundert reicht; für die Neuzeit verzeichnet sie nicht weniger als 14 Dramen, die den Atilier als Protagonisten auf die Bühne brachten." (Die Aufzählung ist dem Literaturverzeichnis angehängt (inclusive der drei im Fließtext erwähnten Dramen).
[198] Traeger, Jörg: „....ALS OB EINEM DIE AUGENLIDER WEGGESCHNITTEN WÄREN." Bildtheoretische Betrachtungen zu einer Metapher von Kleist. In: Kleist Jahrbuch 1980. Hg. v. Hans Joachim Kreutzer. Berlin 1982, S. 88.
[199] Vgl. Maas, Joachim: Kleist. Die Geschichte seines Lebens, S. 296.
[200] Vgl. Heinrich von Kleist: Brandenburger Ausgabe. II/8 Berliner Abendblätter II. Brief eines Dichters an einen Anderen, S. 24.
[201] Vgl. Traeger, Jörg: „...ALS OB EINEM DIE AUGENLIDER WEGGESCHNITTEN WÄREN.", S. 89.

verbundenen Spiels „mit Legenden." Die von Ramdohr in Frage gestellte Würde der Kunst wird mit einem Vorbild an Würde beantwortet. Auch Semlers Ausführungen des individuellen Verständnisses von Friedrichs Landschaften - daß sich durch „ein paar Symbole einiger vielumfassender Ideen", die nicht zwingend „christlich-religiöse Vorstellungen" auslösen - werden mit der Metapher der abgeschnittenen Augenlider eine Antwort geboten.

Die Wirkung des Gemäldes, die erzeugte Stimmung und damit „der Geist und die Verantwortlichkeit" des Artikels können von Kleist mit diesen Allegorieangeboten komprimiert beschrieben werden.

IV. 6. „Eine ganz neue Bahn"

Dieser monströsen Auffassung und Interpretation des Bildes stellt Kleist wiederum eine Antwort nach – mit einem Verweis auf den vergangenen Ramdohrstreit. Sowohl Ramdohrs Angriff gegen den Mystizismus parierend, als auch den fiktiven Kommentar in Hartmanns Aufsatz über „einen neuen Weg in der Kunst" und Semlers Prophezeiung „es ist noch eine weite Bahn offen für die Künstler" bestätigend, begegnet Kleist durch die Bemerkung, daß der Maler „...Zweifels ohne eine ganz neue Bahn im Felde seiner Kunst gebrochen" hat. Der Bildbetrachter wird auf überwältigende Weise in eine ihm unbekannte, fast unvorstellbare Daseinsposition gehoben. Egal, ob er den Standpunkt vor dem Bild oder aus der Perspektive der Mönchsfigur im Reich des Todes einnimmt: Die Wirkungen sind in ihrer Qualität identisch und dadurch austauschbar, und die Aussage ist in aller perspektivischen Komplexität dieselbe. Dadurch, daß Kleist mit einem großen, bekannten Folterbild eines historischen Helden, um den sich ´Legenden` ranken, operiert, erhöht er den Vorgang literarisch durch Reduktion. Trotz eines Rückgriffes in die Historie kann er „gleichwohl" die „ganz neue Bahn im Felde seiner Kunst" erkennen.[202]

---

[202] Vgl. Müller, Gernot: Man müßte auf dem Gemälde selbst stehen. Müller interpretiert die Phrase auch positiv, bezieht sie aber auf den Rahmen und die Deutung des Panoramas. S. 215: „Das satzeinleitende adversative „gleichwohl" hat nun vor dem Hintergrund der Ramdohr-Fehde nichts mit einem Befremden Kleists vor Friedrichs neuem Gemälde zu tun, wie Begemann glaubt. Die Konjunktion drückt vielmehr aus, daß Friedrich in seiner persönlichen Entwicklung „eine ganz neue Bahn" einschlägt, *obwohl* er auch im ´Mönch am Meer`, wie schon im Altarbild, den Rahmen in die Bildkonstruktion integriert. Jetzt aber auf eine die Landschaftsmalerei schlechthin revolutionierende Weise, indem der Rahmen kein Eigenleben mehr führt: Er verweist nicht mehr auf das Bild, er dient aber auch nicht mehr lediglich dazu, es „zu begränzen und einzuschließen": Er ist Teil des Bildes selbst." [..] S. 216: „Durch die Integration des Bildmediums Panorama in sein Werk ist Kleist wie kaum ein zweiter zeitgenössischer Beurteiler prädestiniert, dem Innovatorischen von Friedrichs Bildschöpfung gerecht zu werden."

Bereits 1800 hat Kleist in Würzburg, bezeichnender- und im Sinne des Bildtitels ironischerweise, die Arbeit eines Mönches, der gleichzeitig Professor der dortigen Universität war, an einem Naturalienkabinett aus Vögeln, Moosen, Blättern, Holzspäne, Wolle, Schmetterlingsflügeln etc. kennengelernt. Der Mönch und Professor hatte seine wissenschaftlichen Arbeiten und Studien in spielerischem Umgang fortgesetzt, und Kleist schreibt über diese Begegnung an seine Verlobte Wilhelmine von Zenge am 11. September 1800:

> „Er hat mit allen diesen Materialien, ohne weiter irgend eine Farbe zu gebrauchen, gemalt, Landschaften, Blumenbuketts, Menschen etc. etc., oft täuschend ähnlich"[203]

und dies unter Berücksichtigung von Licht und Schatten. Mit einfachsten Mitteln direkt aus der Natur sei Illusion erzeugt worden. Es brauchte nicht traditionelle Materialien, Themen, Regeln, um Kunst zu erzeugen. Auch Friedrich spricht er die Fähigkeit zu, einer völlig unbedeutenden Landschaft, wie „einer Quadratmeile märkischen Sandes", Ossianische oder Kosegartensche Wirkung zu entlocken. Und Kleist geht noch weiter, indem er dem Hyperrealismus – der „alles andere als bloße Kopie"[204] und den Friedrich zu erzeugen fähig sei – die Qualität zuspricht, pathologisch auch auf Tiere wirken zu können. Selbst die Tiere – unbewusste, unintelligente, nicht aufgeklärte Lebewesen – erkennen sich im instinktiven, ursprünglichen, unverfälschtem Sinne wieder und werden durch die vollendete „Illusionserzeugung"[205] „zum Heulen" gebracht. Mehr kann Kunst nicht als sich „selbst als Wirklichkeit zu würdigen."[206] Diese Fähigkeit der unmittelbaren Umsetzung definiert die „ganz neue Bahn". Das Kunstwerk vermittelt eine Wahrhaftigkeit, die ohne Reflexionsvermögen dem Instinkt verpflichtet und ausgeliefert ist. „Mit dieser ‚Rückkehr' von Kunst in Natur"[207] spricht Kleist sein größtes Lob der Kunst Friedrichs aus. Denn damit findet Kleist einen Übersetzer seines Bedürfnisses nach vollständiger Mitteilung, die ihm als Dichter mit seinem einzigen zur Verfügung stehenden Mittel versagt ist: „Die Sprache taugt nicht dazu, sie kann die Seele nicht malen."[208] Dieser unmittelbare, direkte Transport ist ihm als Dichter verwehrt.

---

[203] Heinrich von Kleist. Sämtliche Werke Und Briefe In Vier Bänden. Bd. 4. 1982, S. 557.
[204] Pfotenhauer, Helmut: KLEISTS REDE ÜBER BILDER UND IN BILDERN. Briefe, Bildkommentare, erste literarische Werke. In: Kleist Jahrbuch 1997. Hg. v. Sabine Doering. Stuttgart 1997, S. 131.
[205] Ebd., S. 131.
[206] Wirth, Michael: Heinrich von Kleist, die Abkehr vom Ursprung: Studien zu einer Poetik der verweigerten Kausalität. Bern 1992, S. 126.
[207] Vgl. Schulte, Bettina: Unmittelbarkeit und Vermittlung im Werk Heinrich von Kleists, S. 229.
[208] Vgl. Heinrich von Kleist: Sämtliche Werke und Briefe in vier Bänden. Bd. 4. 1982, S. 626, 5.2.1801.

Der stark eingestrichene und in kurzer Zeit verfasste wuchtige Leitartikel endet mit einem Bekenntnis des verworrenen Gefühls über ein wunderbares Gemälde, dem aus redaktionellen Gründen nicht die gebotene Gründlichkeit der Ausführung zu Teil geworden ist, und kehrt zu dem Ausgangstext von Brentanos Prosaeinleitung zurück, der den Betrachtern eine endgültige, lehrreiche Beurteilung überlässt.

IV. 7. Zusammenfassung: Kleists Deutung der Seelandschaft

Der Tetschener Altar war ursprünglich ein Gemälde, das Friedrich seinem König gewidmet hatte. Der Rahmen veränderte die Aussage und Funktion des Bildes. Semler hatte auf die Bedeutungsoffenheit bei der Betrachtung Friedrichscher Landschaften hingewiesen. Dem entsprechen, sowohl bei Brentano als auch bei Kleist, die literarischen Hinweise auf Youngs *Nachtgedanken* und Ossian, die Wirkung Kosegartenscher Freiluftgottesdienste, der Vergleich mit der Apokalypse und der einsame Mittelpunkt.

Kleist hat keine Mühe, in Brentanos Artikel das religiöse Allegorieangebot zu dechiffrieren. Darüberhinaus kann die *Seelandschaft,* entgegen Brentanos allegorisch-religiöser Lesart, auch als ein allegorisch-politisches Bild verstanden werden. So wie mit dem *Kreuz im Gebirge* dem schwedischen König als Widerstandskämpfer Napoleons gehuldigt wird, ist der Betrachter vor der *Seelandschaft* aufgefordert (gleich Regulus) der französischen Vormacht entgegen zu wirken. Der Krieger hatte sich für sein Vaterland geopfert. Der Erste Punische Krieg war von den Römern gewonnen worden, auch Dank eines Feldherren wie Regulus. Es bedarf der Stand- und Tugendhaftigkeit eines Regulus, um die Besatzung Napoleons in die Knie zu zwingen.

Den größten Verdienst allerdings sieht Kleist „für diese Art von Landschaftsmahlerei" in der pathologischen Wirkung des Gemäldes. Dem Kunstwerk Friedrichs gelingt es nicht nur, verschiedenste intellektuelle Assoziationen und tiefe Betroffenheit bei Menschen auszulösen, vielmehr gehen die Fähigkeiten des Malers so weit, sogar heftige Gefühle bei Tieren, die ohne Reflexionsvermögen ausgestattet sind, instinktiv auszulösen.

V. Die Konsequenzen

Der Streit zwischen Brentano und Kleist um die Rezension war so entschieden und ernst, daß die Auseinandersetzung zu Auswirkungen auf die Disposition der *Berliner Abendblätter* geführt hat. Petra Maisak und Hartwig Schulz haben Gedichtentwürfe Brentanos, die sich auf die Ausstellung beziehen und im Freien deutschen Hochstift aufbewahrt werden, erstmals der Öffentlichkeit zugänglich gemacht.[209] Neben Gedichten über die Brüder Kügelgen und Johann Heinrich Carl Kretschmar findet sich auch ein Sonettentwurf über die Bilder von Caspar David Friedrich, die als Antworten auf die Kritik von Ludolph Beckedorff verstanden werden[210] und mit der Übersichtsbesprechung Arnims in den *Berliner Abendblättern* korrespondieren.[211]

Schon Reinhold Steig machte auf Brentanos Gedicht Vom großen Kurfürsten. Gesicht eines alten Soldaten in Berlin vor der Wiederherstellung des preußischen Staates am 14. October, in den Gesammelten Schriften 1852 veröffentlicht, aufmerksam, las verschiedene Anspielungen auf Texte in den Berliner Abendblätter heraus und stellte die Vermutung auf, daß es zur Veröffentlichung in der Zeitung gedacht war.[212] Bis zum 11. Oktober 1810 finden sich aktuelle Hinweise auf die Abendblätter. Steig folgert daraus, daß Brentano die Arbeit am 10. bzw. 11. Oktober aufgenommen hatte und das Gedicht für die Ausgabe vom 15. Oktober (der 14. Oktober 1810 war ein Sonntag) gedacht war. Der Streit um die Seelandschaft hat Brentano jedoch von einer Veröffentlichung Abstand nehmen lassen. Gleichwohl findet sich neben dem Datum des 14. Oktober, das nicht nur auf die vernichtende Schlacht der Franzosen gegen die Preußen bei Jena und Auerstedt 1806 verweist, sondern auch das Datum des Bettelbriefes von Kleist an Arnim ist, in dem Gedicht selbst ein Hinweis auf Brentanos Verärgerung.

> „Und als das Abendblatt ankam
> Ichs zornig von dem Burschen nahm
> Und laß, und nannt die Kunstkritik
> *Darin ein neidisch Zorngeflick*"[213]

---

[209] Vgl. Petra Maisak / Hartwig Schultz: Verschiedene Empfindungen bei einem Berliner Ausstellungsbesuch, S. 112, 113 f. und Schultz, Hartwig: Schwarzer Schmetterling, S. 245: „...dass Brentano ursprünglich an einen zusammenfassenden Bericht über die Berliner Ausstellung mit Gedichteinlagen denkt."
[210] Vgl. Petra Maisak / Hartwig Schultz: Verschiedene Empfindungen bei einem Berliner Ausstellungsbesuch. Fußnote 7, S. 113.
[211] Ebd., S. 123.
[212] Vgl. Steig, Reinhold: Heinrich von Kleists Berliner Kämpfe, S. 433-440. Steig bemerkt zu dem Gedicht, daß es chronologisch in die Gesammelten Schriften nicht richtig eingeordnet ist.
Vgl. Peters, Sibylle: Heinrich von Kleist und der Gebrauch der Zeit. Von der Machart der Berliner Abendblätter, S. 69 Peters weist auf eine im Rahmen der Neu-Edition der ABENDBLÄTTER wiederentdeckte Versdichtung Brentanos mit fünf Anspielungen auf die „B. A." hin. Dabei handelt es sich um das von Steig bereits ca. 100 Jahre zuvor besprochene Gedicht.
[213] Ebd., Peters, Sibylle: Heinrich von Kleist und der Gebrauch der Zeit, S. 69, 70.

Abweichend von Steigs Einschätzung lassen sich diese Verse als direkte Verarbeitung des Disputs lesen. Brentano erwähnt die streitverursachende Rezension und bezeichnet sie als ein „neidisch Zorngeflick". Die Formulierung deutet einen Konflikt zwischen zwei jungen ehrgeizigen Autoren an. Der Vorwurf, der sich offenbart, unterstellt dem Verfasser der Abendblattpublikation erstens: Neid, zweitens: Zorn und drittens: Flickschusterei. Der dritte Vorwurf klärt sich leicht, da die radikale Verkürzung der Kritik und die modifizierte Übernahme der Einleitung aus der ursprünglichen Version ein Flickwerk gemacht haben. Der „Zorn", der von Kleist ausgeht, rührt von der mangelnden Verteidigung des Malers durch einen Vertreter des Mystizismus (Brentano) und führt im Gegenzug zu einer bedingungslosen und unkritischen Verherrlichung des Malers. Der „Neid" Kleists kann durch zweierlei Ursachen entstanden sein. Einerseits durch die Fähigkeit Brentanos, eine Bildbesprechung in eine unterhaltsame Publikumssatire zu wenden, und diesen Coup literarisch nicht würdigen zu können und deshalb (aus der Perspektive Brentanos) in der Zeitung keinen Raum frei zu machen, andererseits aber auch der Erfindung einer religiösen Allegorie zu einem Bild, auf dem man nichts sieht, eine politische Allegorie hinzufügen bzw. entgegenstellen zu müssen.

Obwohl sich Texte Brentanos zu der Kunstausstellung erhalten haben, ist dem Gedicht *Vom großen Kurfürsten*, das in der Brandenburger Kleistausgabe unter einem neuen Titel - *Es war mir gestern trüb der Tag* - veröffentlicht wurde,[214] zu entnehmen, daß Brentanos Konflikt mit den *Berliner Abendblätter* eine Wunde hinterlassen hat, die nicht bereinigt ist. Er stellt keine Texte mehr über die vom Publikum so positiv angenommene Kunstausstellung zur Verfügung.

V. 1. Zur Systematisierung der „Berliner Abendblätter"

Nachdem Kleist bereits in den Jahren 1808/09 in Dresden, gemeinsam mit Adam Müller, die Kunst- und Kulturzeitschrift *Phoebus* herausgegeben[215] und sich 1809 mit dem nicht realisierten Projekt einer politischen Zeitung *Germania* beschäftigt hat, kann man Kleist eine gewisse Erfahrung im Zeitungswesen konzidieren.[216] Die *Berliner Abendblätter* gehören zu den ersten täglich erscheinenden Tageszeitungen im deutschsprachigen Raum.[217] Auch wenn sich das Format, ungefaltet und ohne Extrabeilagen, auf eine DIN A4-Seite bzw. einen engbedruckten

---

[214] Vgl. Brandenburger Kleist-Blätter 11, S. 360. Der Titel des Gedichtes lautet in der Ausgabe „Es war mir gestern trüb der Tag [..]."
[215] Aretz, Heinrich: „Heinrich von Kleist als Journalist. Untersuchungen zum ʼPhöbusʻ, zur ʼGermaniaʻ und den ʼBerliner Abendblätternʻ. Stuttgart 1983, S. 34 ff.
[216] Ebd., S. 68 ff. und Schulz, Siegfried: Heinrich von Kleist als politischer Publizist. Frankfurt 1989, S. 61 ff.
[217] Vgl. Sembdner, Helmut: Die Berliner Abendblätter Heinrich von Kleists, ihre Quellen und ihre Redaktion, S. 2: „Täglich (auch sonntags) erschienen – außer den französischen Blättern – in Deutschland nur der Nürnberger ,Korrespondent von und für Deutschlandʻ und die Cottasche ,Allgemeine Zeitungʻ."

Viertelbogen beschränkt, muß jeder Ausgabe eine inhaltliche Konzeption oder mindestens eine organisatorische Disposition zugrunde liegen. Die täglichen Zeitungsausgaben können nicht dem Zufall oder Eingebungen überlassen bleiben.[218] Demgeachtet hat Kleist eine grobe, provisorische Monatsplanung, eine differenziertere Wochendisposition und einen präzisen Tagesentwurf verfertigt. Neben den aktuellen, schnell zu bearbeitenden Berichten, wie z. B. den Polizeirapporten, wird er auch für Tage ohne besondere Vorkommnisse vorbereitet sein.

Kleist muß mit einer Art Kalendertabelle gearbeitet haben, die einerseits die täglichen Artikel in der Reihenfolge durchnumeriert und andererseits hat er eine „Ressorteinteilung" vorgenommen. Reinhold Steig weist auf einen erhaltenen, handschriftlichen Beitrag Arnims hin, ein kleiner Opernkommentar, der von ihm als *Sonderbares Versehen* betitelt ist und von Kleist handschriftlich den Zusatz „Theater" und den redaktionellen Hinweis „+ N. 2" erhalten hat.

Die kurze Kritik Arnims steht in der Tagesausgabe der Berliner Abendblätter vom 3. November an zweiter Position. Jetzt lautet die Titelzeile, fettgedruckt, *Theater*, dann folgt im Untertitel in Normalschrift *Sonderbares Versehn*.[219] Kleist hat das Ressort sowohl präzisiert als auch optisch hervorgehoben.

Dem Brief Kleists an Arnim vom 14. Oktober ist zu entnehmen, daß es ein Gespräch über Korrekturen in einem Aufsatz Arnims gegeben hat. Außer dem Sonnett *Räthsel auf ein Bild der Ausstellung dieses Jahres* am 11. Oktober ist aber bis zum 14. Oktober kein Aufsatz von Arnim veröffentlicht worden. Daraus läßt sich schlußfolgern, daß es Kleists Absicht war, den Artikel zu

---

[218] Vgl. Marquardt, Jochen: Der mündige Zeitungsleser – Anmerkungen zur Kommunikationsstrategie der „Berliner Abendblätter". In: Beiträge zur Kleist-Forschung. Hg. Wolfgang Barthel und Rudolf Loch. Kleist-Gedenk-Und-Forschungsstätte 1986, S. 7: „Von der Existenz eines Plans kündet bereits Kleists Anzeige in der Vossischen Zeitung vom 25.9.1810 (auch in der Spenerschen Zeitung vom 4.10.). [...] Planvolles Arbeiten aber heißt gedankliche Vorwegnahme des angestrebten Ergebnisses und, als Folge davon, strategisch-funktionaler Einsatz der zur Verfügung stehenden inhaltlichen, stilistisch-formalen und medienspezifischen Mittel."
Göncay, Gabrielle: Zur Kommunikations- und Redaktionsstrategie der „Berliner Abendblätter". In: Internationale Konferenz „Heinrich von Kleist" für Studentinnen und Studenten, für Nachwuchswissenschaftlerinnen und Nachwuchswissenschaftler. V. Frankfurter Kleist-Kolloquium 22.-23. Juli 2000. Hg. Peter Ensberg und Hans Jochen Marquardt. Stuttgart 2003, S. 164: „Die Annahme, daß Kleist seine Tageszeitung konsequent und bewußt gestaltete, d.h. dem *Zufall*, [..] wenig Spielraum überließ, scheint weniger verblüffend zu sein, wenn man das Planmäßige seiner ‚Bildung für das schriftstellerische Fach`, die Präzision der Selbstinszenierung seiner Briefe oder die mathematischen Motive seiner Schreibweise in Betracht zieht. Neben diesen Hinweisen sind auch einige konkrete Äußerungen Kleists vorhanden, die auf das Vorhandensein einer Konzeption schließen lassen: aus der Zusammenbindung der einzelnen Ausgaben soll z. B. eine ‚Chronik der Stadt Berlin` entstehen. In zwei Texten, die Anfang und Ende der Abendblätter markieren, wird auch mit Begriffen wie ‚Plan` und ‚Construction` operiert. *Dem Schluß des Jahrgangs wird ein weitläufiger Plan des Werks angehängt werden, wo man alsdann zugleich im Stande sein wird, zu beurteilen, inwiefern demselben Genüge geschehen ist.* [..] *Dem Publiko wird eine vergleichende Übersicht dessen, was diese Erscheinung leistete, mit dem, was sie sich befugt glaubte, zu versprechen sammt einer historischen Construction der etwanigen Differenz, an einem anderen Ort vorgelegt werden."*
[219] Vgl. Steig, Reinhold: Neue Kunde zu Heinrich von Kleist. Berlin 1969 (reprint), S. 39, 40. In einer Fußnote sind zusätzlich die orthographischen Korrekturen festgehalten.

einem anderen Zeitpunkt zu drucken. Der Aufsatz lag demnach für die Reserve vor und war nicht von aktueller Dringlichkeit. Im Gegensatz zu der Kritik von Brentano/Arnim über Caspar David Friedrich, die später, nach dem Gespräch mit Arnim, eingegangen ist, aber früher (am 13. Oktober) gedruckt wurde.

Diese Art von Aufsätzen ermöglichen Kleist einen gewissen inhaltlichen Spielraum. Eventueller Mangel an aktuellen, berichtenswerten Ereignissen kann von Kleist mit diesen Schriftstellerbeiträgen ausgeglichen werden. Die Numerierung und die übrigen Formalien der Artikel bleiben ordnungsstiftende Variablen.

V. 2. Zur Chronologie der Ausstellungsbeiträge in den „Berliner Abendblätter"

Der Eröffnungsartikel der *Berliner Abendblätter* am 1. Oktober 1810, das *Gebet des Zoroasters*, eine vermeintliche Übersetzung einer indischen Handschrift, beschreibt das Programm, dem sich die *Berliner Abendblätter* verpflichten. Im pathetischen Mantel feierlich-religiöser Sprache werden die aufgeklärten Berliner auf die politische, nationalistisch ausgerichtete Zielsetzung hingewiesen.[220]

Bereits am nächsten Tag erscheint ein kritischer Leitartikel über die neuerrichtete Universität in Berlin von Adam Müller, der sich an den folgenden zwei Tagen auf der ersten Seite fortsetzt und sofort kritische Reaktionen hervorruft.[221] Gleichwohl fahren die *Berliner Abendblätter* zu Beginn der Woche, am Montag, dem 8. Oktober, in einem Artikel *Über die wissenschaftlichen Deputationen* fort, sich zu dem Verhältnis von „Wissenschaft und Administration, von Universität und Staat"[222] kritisch zu äußern.

Ab Samstag, dem 6. Oktober 1810, zwei Wochen nach der Eröffnung, wird die Ausstellung zum ersten Mal im Leitartikel, unter dem Titel *Kunst-Ausstellung*[223] und dem Bereich der Portraitmalerei gewidmet, durch Ludolph Beckedorff[224] besprochen und am 8., 9. und 10. Oktober jeweils auf der ersten Seite fortgesetzt. Im Mittelpunkt stehen die Portraits der jüngst verstorbenen Königin,

---

[220] Vgl. H. v. Kleist. Brandenburger Ausgabe. II/7 B. A. I, auf S. 7, 8 ist der Eröffnungsartikel abgedruckt.
Vgl. Steig, Reinhold: Heinrich von Kleists Berliner Kämpfe, S. 49.
[221] Ebd., S. 295: „Müllers Artikel machte Aufsehen und erregte, wie er Zustimmung fand in dem, was er in gültiger Weise über die Zersplitterung und allzu große Specialisierung des wissenschaftlichen Betriebes sagte, doch auch die Empfindlichkeit der leitenden Kreise und der Professorenschaft. Das Verdrießliche für alle lag in der vorsichtigen Rücksichtslosigkeit, mit der Müller als Privatmann seine Forderungen vortrug, und ferner in der wie selbstverständlich behandelten Subsumirung des Geistigen unter das Geistliche [...] Es wurden Müller's Ausfällen und Anzüglichkeiten persönliche Beweggründe unterlegt. Man wußte, daß seine Berufung in den Lehrkörper der Universität wohl ventilirt, aber schließlich vereitelt worden war."
[222] Ebd., S. 297.
[223] Vgl. H. v. Kleist. Brandenburger Ausgabe. II/7 B.A. I, S. 33, 34.
[224] Vgl. Steig, Reinhold: Heinrich von Kleists Berliner Kämpfe, S. 254 und Weiss, Hermann F.: Funde und Studien zu Heinrich von Kleist. Fußnote 50, S. 149.

von Wilhelm Schadow und Friedrich Bury.[225] Die Berichterstattung, aber auch die Plazierung sind ein geschickter publizistischer Schachzug von Kleist. Sie setzen die Planung und Absprache mit einem Autor voraus, bedeutende, lokale Ereignisse aufzugreifen und aktuell zu präsentieren. Viele Arbeiten werden von Beckedorff einer Besprechung nicht für würdig erachtet und ausgespart. Am 10. Oktober schreibt Beckedorff: „Und somit können wir nunmehr eine ganze Masse anderer Porträte, womit die Ausstellung überfüllt ist, auch die des Herrn Gerhard von Kügelgen in Dresden, dreist übergehen."[226] Dem Satz ist eine Anmerkung von Kleist beigefügt „Des Raums wegen. Wir werden im Feld der historischen Mahlerei auf ihn zurückkommen."[227] An dieser Stelle ist auf zwei Aspekte aufmerksam zu machen. Einerseits hat sich Kügelgen während der Ramdohrfehde 1809 für Friedrich und seinen *Tetschener Altar* stark gemacht. Andererseits präsentiert sich Kügelgen in Berlin im Herbst 1810 mit vier Portraits und nur zwei Bildern, die der historischen Malerei zuzuordnen sind. Die öffentliche Weigerung Beckedorffs, die Portraits von Kügelgen zu besprechen, zwingt Kleist, den Fokus auf die zahlenmäßig geringer vertretenen historischen Bilder Kügelgens zu lenken. Seine Anmerkung weist entweder auf eine geplante, ausführlichere und gattungsübergreifende Besprechungsreihe hin, oder Kleist reagiert spontan als Verteidiger Kügelgens und ändert und erweitert sein Konzept über die Berichterstattung der Ausstellung, um Kügelgens Arbeiten Gerechtigkeit widerfahren zu lassen. (Wobei eine spontane Reaktion relativ ist. Der Artikel Beckedorffs hat ihm ja in seiner ganzen Länge vorgelegen, die Übergehung der Kunstwerke Kügelgens war ihm von Beginn der Veröffentlichung bekannt und er selbst hat den Aufsatz über die mehreren Ausgaben gebrochen). Der Artikel Beckedorffs vom 10. Oktober endet mit einer Ankündigung des Besten, was die Ausstellung zu bieten hat „zu der Reihe von Porträten, womit Herr Friedrich Büry die Säle der Akademie wahrhaft geschmückt hat."[228] Gleichzeitig veröffentlicht Kleist an dem Tag eine Anzeige über einen anonym eingegangenen Aufsatz, die Proklamation der Universität betreffend, der „aus bewegenden Gründen"[229] nicht aufgenommen und deshalb wieder abgeholt werden könnte. Die feierliche Eröffnung der Berliner Universität war für den 15. Oktober vorgesehen,

---

[225] Vgl. Steig, Reinhold: Heinrich von Kleists Berliner Kämpfe, S. 255: „Eigentlich hätte der Aufsatz „Das Portrait auf der diesjährigen Kunstausstellung heißen müssen."
[226] Das ist seltsam. Warum düpiert Beckedorff öffentlich den Maler Kügelgen, wenn er doch der Gemahlin des Künstlers so gewogen ist. Kügelgen, Marie Helene v.: Ein Lebensbild in Briefen. Sie schreibt an ihren Mann am 28. 12. 1808, S. 145, 146: „Beckedorff ist unglaublich freundschaftlich gegen mich, hat mich schon zweimal besucht, mir alles, was mein Herz begehre angeboten, kurz Du wirst wohl nicht loskommen und ihn unter Deine Sammlung seltener Männer aufnehmen müssen. Ich schäkerte und sagte:" Herr Hofrat, wenn nicht nur unser Seume nicht auch schon tot ist, sein Bild fiel mit entsetzlichem Gepolter von der Wand." Da zog er sein süßes Gesicht plötzlich in ernste Falten........."
[227] Vgl. H. v. Kleist. Brandenburger Ausgabe. II/7 B. A. I, S. 48.
[228] Ebd., S. 48.
[229] Ebd., S. 49.

wurde aber kurzfristig abgesagt. „In der Parthei der Abendblätter war man über die Vereitelung und Absage der Feier höchst ungehalten." Reinhold Steig liest die Anzeige als einen von der Zensur verhinderten Aufsatz, dessen Inhalt „sich die Section des Cultus nicht gefallen lassen wollte."[230] Dergestalt sieht sich Kleist bereits in den ersten Erscheinungstagen mit „Widerwärtigkeiten, mit welchen die Herausgabe eines solchen Blattes verknüpft ist" konfrontiert. Halten wir fest: Am Montag, dem 8. Oktober, wird der erste Teil der Fortsetzungsreihe über die Kunstausstellung gleichzeitig mit dem Artikel „Über die wissenschaftlichen Deputationen" veröffentlicht. Dienstag und Mittwoch folgen die weiteren Fortsetzungen mit der emphatischen Ankündigung der Portraits von Friedrich Büry. Statt am darauffolgenden Tag den vermeintlichen Höhepunkt der Ausstellung zu präsentieren, veröffentlicht Kleist am Donnerstag, dem 11. Oktober, seine Novelle *Das Bettelweib von Locarno*. Im Anschluß findet sich ein Sonett von Arnim *Räthsel auf ein Bild der Ausstellung dieses Jahres*. Das Bild und der Maler bleiben in dem Gedicht ungenannt. Eine kleine, spannende Herausforderung: Es bleibt dem Leser überlassen, das Geheimnis zu entschlüsseln und das Gemälde in der Ausstellung zu identifizieren. Die Lösung für den aufmerksamen Leser und Ausstellungsbesucher findet sich in der Ausgabe vom Vortag. Es handelt sich um ein von Beckedorff besprochenes Gemälde des jüngst verstorbenen Carl Andreas Ludwig, das die Portraits seiner Eltern darstellt.[231]

Auf diese Weise hält Kleist das Thema Kunstausstellung wach. Mit der Veröffentlichung eines Sonetts, einerseits eine stilistische Überraschung und andererseits eine substanzielle - durch das im Titel angekündigte Rätsel - löst er zusätzlich Neugierde aus. Die Gemälde stellen vorerst ein unerschöpfliches Thema mit einem formal und inhaltlich reichen Fundus dar. Auch am Freitag, dem 12. Oktober, erscheint keine Fortsetzung des Beckedorff-Artikels. Stattdessen werden ein Aufsatz über den 1807 verstorbenen Wirtschaftsexperten Christian Jakob Kraus[232] (verfaßt von Adam Müller) und die Anekdote *Nützliche Erfindungen. Entwurf einer Bombenpost* von H. v. Kleist veröffentlicht. Das weite Feld der bildenden Kunst wird an diesem Tag nicht thematisiert.

---

[230] Vgl. Steig, Reinhold: Heinrich von Kleists Berliner Kämpfe, S. 302: „ Ich glaube fast, daß die „unbekannte Hand" von Kleist fingiert worden ist, nur um verstehenden Lesern die Mittheilung zu machen, ein die unterbleibende Proclamation der Universität oppositionell behandelnder Artikel sei beabsichtigt gewesen, von der Censur jedoch nicht zugelassen worden."
[231] Ebd., Steig, Reinhold: Heinrich von Kleists Berliner Kämpfe, S. 260 f.
[232] Ebd., S. 55-57. Adam Müller hatte am 12.12.1810 in den „Berliner Abendblätter" einen Artikel „Über Christian Jakob Kraus" veröffentlicht. Kraus, bereits 1807 verstorben, hatte sich für eine Wirtschaftspolitik im Sinne Adam Smith`scher Ideen – eine Reform der wirtschaftlichen Zustände Preußens – stark gemacht. Der Aufsatz Müllers übt auf versteckte Weise Kritik. S. 57: „Dieser mit der Chiffre Ps gezeichnete Artikel brachte denn auch sofort die Regierungskreise in Berlin und Königsberg gegen sich auf. [..] Schon zwei Tage später, am 14. Oktober, wurde eine „Antwort auf den Aufsatz im Abendblatt Nr. 11", und wiederum am 17. eine „Antikritik" auf der Redaktion der Abendblätter abgegeben. [..] In beiden Artikeln meldeten sich Berliner Anhänger von Kraus-Smith zu Worte."
Nach Kraus Tod erschienen 1808 u. a. in vier Bänden die „Staatswirthschaft".

Drei Tage nach Beckedorffs versprochenem Höhepunkt der Portraitmalerei, am 13. Oktober, wird die Akademieausstellung in einem Leitartikel wieder aufgegriffen, aber die Besprechung ist weder der Portraitmalerei und den „Meisterwerken" Friedrich Burys, noch Kügelgen und der historischen Malerei gewidmet, sondern beschäftigt sich mit einem einzelnen Bild, das der Gattung der Landschaftsmalerei angehört. Unter der Überschrift *Empfindungen vor Friedrichs Seelandschaft,*[233] gezeichnet cb, wird ein Gemälde Caspar David Friedrichs erörtert. Der Aufsatz ist von Clemens Brentano und Achim von Arnim verfaßt, aber von Kleist, gekürzt und modifiziert in Druck gegeben worden.

Am Ende der Ausgabe kündigt der Verleger Eduard Hitzig eine UNIVERSITATE LITTERARIAE von Clemens Brentano an. Dieser hatte eine Festkantate auf die Universitätseröffnung gedichtet, die in kostbarer Aufmachung im Druck vorlag. Neben der großen Anzeige, die dieser Publikation eingeräumt wird, bemerkt schon Reinhold Steig „das Seltsame, daß die Abendblätter den Aufschub der Feier gleichsam ignorieren."[234]

Auch am Montag, dem 15. Oktober - mittlerweile sind fünf Tage seit der Unterbrechung verstrichen - meldet sich kein Beckedorff in den Abendblättern zu Wort. Statt dessen erscheint ein Gedicht *Der Studenten erstes Lebehoch bei der Ankunft in Berlin am 15ten Oktober* zur Eröffnungsfeier der Berliner Universität, die ja bekanntlich abgesagt worden ist, von Achim von Arnim.

Hier stellt sich erstens die Frage, ob es sich bei der Veröffentlichung, die von dem Original Arnims abweicht, um den Aufsatz handelt, den Arnim und Kleist in Gegenwart von Brentano besprochen hatten.[235] Denn der Brief Kleists an Arnim vom 14. Oktober endet mit dem heiligen Versprechen, nie wieder an einem eingesandten Schriftstück „eine Silbe" zu ändern. Handelt es sich, wie Helmut Sembdner meint darum, bleibt dennoch die Fragestellung Steigs um das Verhalten zur Absage der Universitätseröffnung unbeantwortet.

Zweitens: Der 15. Oktober 1810 ist ein Montag. Der Sonntag ist ein zeitungsfreier Tag. Wann hat Kleist die Zeitung gesetzt? Schon am Samstag, oder erst am Sonntag nach dem Streit und dem Brief? Versucht Kleist mit der Veröffentlichung von Arnims Studentengedicht die ausgefallene Universitätseröffnung durch Ignoranz zu provozieren, oder sucht er den Dichter Arnim in den *Abendblättern* stark zu machen und durch den Abdruck zu größerer Verteidigung in dem Konflikt mit Brentano zu gewinnen?

---

[233] Vgl. H. v. Kleist. Brandenburger Ausgabe. II/7 B. A. I, S. 61, 62.
[234] Vgl. Steig, Reinhold: Heinrich von Kleists Berliner Kämpfe, S. 303.
[235] Vgl. Semdner, Helmut: Die Berliner Abendblätter Heinrich von Kleists, ihre Quellen und ihre Redaktion, S. 185.

Endlich, ab dem 16. Oktober, findet die „Fortsetzung des im 9ten Blatt abgebrochenen Aufsatzes" von Ludolph Beckedorff wieder statt, und über vier weitere Folgen - einschließlich einer *Schlussbetrachtung* - wird die Kritik über die Kunstausstellung ohne Unterbrechung als Leitartikel am 19. Oktober zu Ende geführt.

Am 18. Oktober weist Kleist in einer Anzeige auf eingegangene Aufsätze u.a. zum Thema Kraus[236] hin und bittet die unbekannten Mitarbeiter in Zukunft Rücksicht auf die Ökonomie des Blattes zu nehmen, um damit etwaigen, unliebsamen Kürzungen vorzubeugen. Diese Bemerkung kann nicht nur als Hinweis auf noch folgende, anonyme Artikel gelesen werden. Die Mahnung kann auch rückwärts für den Brentano/Arnim–Aufsatz verstanden werden. Die Beckedorffsche Kunstkritik wäre demnach in ihrem Umfang eine Ausnahme gewesen und muß vor, oder mit Beginn, der ersten Erscheinungswoche der *Berliner Abendblätter* Kleist zur Verfügung gestanden haben. Ein Zeitpunkt, an dem sich weder der Verkaufszuspruch, noch die Anzahl und Länge der Leserbriefe abschätzen ließen.

Am 22. Oktober eröffnet Kleist die Titelseite mit einer großgedruckten *Erklärung*, versichert der Unterhaltung aller Stände dienen zu wollen und die Nationalsache in alle Richtungen zu befördern. Er dankt einem unbekannten Mitarbeiter, der sich über die folgenden drei Tage mit einer bissigen Gegenkritik über Christian Jakob Kraus zu Wort meldet und unterschreibt erstmalig als Herausgeber der Abendblätter mit seinem vollen Namen. Das Thema „Malerei" greift Kleist in dieser Ausgabe wieder auf, jedoch nicht im Zusammenhang mit der noch laufenden Kunstausstellung. Stattdessen offeriert er ein neues Format und bespricht in dem *Brief eines Mahlers an seinen Sohn* die grundsätzliche Vorgehensweise bei der Verfertigung künstlerischer Werke.[237]

---

[236] Vgl. Grathoff, Dirk: Die Zensurkonflikte der „Berliner Abendblätter". Zur Beziehung von Journalismus und Öffentlichkeit bei Heinrich v. Kleist. In: Ideoligiekritische Studien zur Literatur. Essays I. Hg: Volkmar Sander. Frankfurt 1972, S. 116 ff.
Vgl. Steig, Reinhold: Heinrich von Kleists Berliner Kämpfe, S. 55, dort S. 57: „Die Erregung der Regierungskreise muß sofort eine für das Abendblatt bedrohliche und gefährliche geworden sein."
[237] Vgl. H. v. Kleist. Brandenburger Ausgabe. II/7 B. A. I, S. 101.

Neun Tage nach dem Erscheinen der Kritik *Empfindungen vor Friedrichs Seelandschaft* ist der Tagesausgabe vom 22. Oktober noch eine zweite, kleiner gedruckte *Erklärung*[238] Kleists an das Ende der Zeitung angehängt. Danach stammt der „Buchstabe" des Artikels *Empfindungen vor Friedrichs Seelandschaft* von den ursprünglichen Verfassern Achim von Arnim und Clemens Brentano, der „Geist" und die „Verantwortlichkeit" für den Inhalt des Aufsatzes von Kleist. Als Entschuldigung für die Verkürzung des ursprünglich längeren, dramatisch verfassten Textes weist Kleist auf mangelnden Raum in der Zeitung hin.

Allein die drei Artikel dieser Tagesausgabe kennzeichnen ein reges Arbeitspensum und eine große Verantwortungsbereitschaft. Erstens gibt sich Kleist als Herausgeber zu erkennen, und hält damit seinen Kopf für alles in der Zeitung Gedruckte hin. Zweitens schickt er in dem Brief sein künstlerisches Credo in die Welt, und drittens entschuldigt er sich in aller Öffentlichkeit bei zwei in ihrer Genialität gekränkten Schriftstellern, die (nach dieser Auslegung) nicht über die Weitsicht verfügt haben, den in der Schußlinie stehenden Maler Friedrich vorbehaltlos zu verteidigen und zu unterstützen.

Das Thema Kunstausstellung wird nicht mehr aufgegriffen. Trotz des großen Zuspruchs, den die Ausstellung genießt und der Exklusivität der Berichterstattung über dieses gesellschaftliche Ereignis, werden weder ein Aufsatz noch ein Gedicht, auch kein Brief oder eine Anekdote zur Historienmalerei oder Kügelgen, noch zu irgendeiner anderen Gattung verfaßt. Auch auf das zweite Ölgemälde Friedrichs, das als Pendant gilt und heute den Titel *Die Abtei im Eichwald* trägt, wird nicht mehr eingegangen. Die Berliner Abendblätter hüllen sich in Schweigen. Stattdessen wird am 27. Oktober 1810 eine weitere, allerdings gemäßigtere Kritik über den Müllerschen Kraus-Aufsatz veröffentlicht.

Erst Ende des Monats, am 31. Oktober, taucht Achim von Arnim im „politischen Ressort" mit dem Aufsatz *Noch ein Wort der Billigkeit über Christ. Jacob Kraus*[239] in den *Berliner Abendblätter* wieder auf und sieht sich mit Adam Müller „ganz einig in der Charakterisierung von Kraus als Schriftsteller."[240] Ab dem 3. November steigt Arnim wieder in die „Kulturredaktion" mit der bereits erwähnten kleinen Opernkritik *Sonderbares Versehn* unter der Rubrik *Theater* ein, um dann wieder regelmäßig verschiedenste Artikel und Geschichten beizutragen.[241]

---

[238] H. v. Kleist. Brandenburger Ausgabe. II/7 B.A. I, S. 102.
[239] Ebd., S. 139.
[240] Ebd., S. 139.
[241] Vgl. Steig, Reinhold: Achim von Arnim und Jacob und Wilhelm Grimm. Stuttgart 1904. Die Zensur verhindert viele Veröffentlichungen. Arnim an die Brüder Grimm zwischen Weihnachten 1810 und Neujahr S. 96: „Deine Räthsel sind sehr angenehm, ich will sie dem Kleist für die Abendblätter geben (1811 Nr.19); freilich kommen sie da nicht immer in die beste Gesellschaft, aber der arme Kerl hat seine bittere Noth mit dem Censur, der wegen einiger

Am 6. November druckt Kleist an zweiter Stelle seinen *Brief eines jungen Dichters an einen jungen Mahler*.[242] Die bildende Kunst wird in den Berliner Abendblättern wieder zum Thema. Eine *Übersicht der Kunstausstellung*[243], acht Tage nach ihrem Ende, erfolgt in den Leitartikeln am 12. und 13. November, in dem die *Seelandschaft* noch einmal eine kurze Erwähnung findet und unterschiedliche Interpretationsansätze angedeutet werden:

> „Unter den Landschaften müssen wir wohl Friedrich zuerst aufführen, weil seine Kraft, ausgezeichnete Momente der Himmelsconstellationen, die selbst arme Gegenden für einzelne Stunden sehr anziehend machen können, aufzufassen und seine Ungeschicklichkeit in der Behandlung der Farben, zu den widersprechendsten Urteilen hinriß."[244]

Der Artikel endet mit einem *Beschluss* der Ausstellung am 14. November. Der alleinige Verfasser ist Achim von Arnim. Damit rettet Kleist die angekündigte Besprechungsserie durch einen Übersichtsbericht.

Am 2. Dezember stirbt der von Brentano hochverehrte Maler Philipp Otto Runge im Alter von 33 Jahren in Hamburg. Die *Berliner Abendblätter* widmen dem Maler am 19. Dezember 1810 als Würdigung eine komplette Ausgabe der Zeitung, ohne ein anderes Thema auch nur mit einer Zeile zu erwähnen. Der Autor des Nachrufs, eines Aufsatzes und eines Runge gewidmeten Gedichtes ist Clemens Brentano. Noch einmal gehen Kleist und Brentano aufeinander zu. Kleist besänftigt Brentano, indem er ihm für seine Rungehuldigung eine eigenständige Tagesausgabe überläßt. Danach wird Brentano nicht mehr als Redakteur für die *Berliner Abendblätter* tätig sein.

V. 3. Zusammenfassung

Der Chronologie ist - durch die Anmerkung Kleists, den Maler Kügelgen im Feld der historischen Malerei ausführlicher zu besprechen - zu entnehmen, daß die redaktionelle Konzeption der Ausstellungsbesprechung viel breiter angelegt war. Statt - wie geplant - näher auf einzelne Richtungen, wie etwa Historien- oder Landschaftsmalerei einzugehen[245], endet die Besprechung der Kunstausstellung mit einer im Verhältnis zur Portraitmalerei kurzen dreiteiligen Übersicht. Noch in die Artikelserie über Portraitmalerei von Beckedorff war ein kurzer Aufsatz über Landschaftsmalerei eingeschoben. Der ursprüngliche Text von Arnim und Brentano hätte bei dem Format der Zeitung als Leitartikel für mehrere Ausgaben gereicht und war zudem durch seine dramatische, persiflierende Form geschickt auf Publikumswirksamkeit angelegt. Aus der

---

dem hiesigen Ministerio anstößiger Aufsätze beinahe gar nichts mehr abdrucken darf, beinahe zehn Aufsätzen von mir ist das Imprimatur verweigert."
[242] Vgl. H. v. Kleist. Brandenburger Ausgabe. II/7 B. A. I, S.164.
[243] Ebd., 12.11.1810. S. 187-190. 13.11.1810, S.193,194.
[244] Ebd., 13.11.1810, S. 193.
[245] Vgl. Steig, Reinhold: Heinrich von Kleists Berliner Kämpfe, S 262.

Argumentation der öffentlichen Entschuldigung Kleists für die Verkürzung der Friedrichrezension ist abzulesen, dass zeitungsinterne Gründe den Ausschlag gegeben haben. Dem widerspricht der Hinweis auf eine ausführliche Besprechung der Bilder Kügelgens im Feld der historischen Malerei. Kleist konnte nach der Kurzversion der Brentanoschen Kritik entweder keine weiteren ausführlichen Artikel einzelner Gattungen in die Zeitung aufnehmen, ohne sich selbst vor Brentano Lügen zu strafen, oder aber er hatte durch die Verkürzung der Brentano/Arnim-Kritik seine potenziellen Kunstkritiker so vor den Kopf gestoßen, daß zunächst deren weitere Mitarbeit auf dem Sektor nicht möglich war. Arnim taucht erst am Ende des Monats, nachdem sich die Krausfehde zugespitzt hat, als politischer Kommentator in den *Berliner Abendblätter* wieder auf. Die Geste der Verteidigung Adam Müllers ist auch eine Geste der Versöhnung mit Kleist. Der Wiedereinstieg Arnims ins Kulturressort erfolgt mit der kleinen Opernkritik, und schließlich führt er die angekündigte Berichterstattung über die Kunstausstellung durch einen Übersichtsbericht im November, dessen alleinige Verantwortung Arnim übernimmt, zu Ende. Brentano, der über die Bearbeitung seines Aufsatzes „verärgert"[246] war, wird durch eine komplette, eigenständige Ausgabe des Rungenachrufs von Kleist besänftigt bzw. kurzzeitig als Mitarbeiter wiedergewonnen. Fertige Gedichte und Entwürfe von ihm, das Thema Kunstausstellung betreffend, finden keinen Eingang mehr in die *Berliner Abendblätter*.

Die Verärgerung der Autoren Brentano und Arnim über die Veröffentlichung der Friedrichrezension war so groß, daß während der Dauer der Kunstausstellung keine Gattungs- oder einzelne Bildbesprechungen mehr erfolgten. Ein wichtiger Unterhaltungsfaktor war weggebrochen. Eine Frage, die sich stellt, ob durch eine fortlaufende Präsenz der Ausstellung in den *Berliner Abendblätter* das Publikumsinteresse so konsolidiert worden wäre, daß nicht am Ende des Jahres 1810 der Untergang der Zeitung schon vorhersehbar geworden war, kann nicht mehr beantwortet werden.

---

[246] Vgl. Müller, Gernot: Man müßte auf dem Gemälde selbst stehen, S. 210.

VI. Schlußbemerkung

Durch die Aufarbeitung der Ramdohrfehde - die Argumente, die gegen den *Tetschener Altar* ins Feld geführt wurden, und die Emotionalität, mit der sich die Parteien bekämpften – lassen sich konkrete Auswirkungen auf den Brentano/Arnim– und den Kleistaufsatz nachweisen. Die Allegoriefähigkeit, die pathologische Wirkung und die Technik sind von Brentano/Arnim überprüft worden, ohne zu einem verteidigenden Ergebnis für den in der Diskussion stehenden Maler Friedrich zu führen. Der Versuch eines christlich/allegorischen Verständnisses der *Seelandschaft* läßt sich durch das in der Bibel überlieferte Wunder, daß Jesus auf dem Wasser gehen kann, nachweisen. Die Formulierungen von Anspruch und Abbruch können auf einer trivialen Ebene, einem biblischen Verweis, vom zeitgenössischen Zeitungsleser nachvollzogen werden. Dennoch wird dem Gemälde die Qualität und Wirkung religiöser Historienmalerei abgesprochen. Die Umsetzung rechtfertigt nicht den unterstellten Anspruch eines Altarbildes. Der pathologischen Wirkung eines Landschaftsbildes begegnet Brentano, indem er stilistisch in eine Publikumssatire ausweicht. Der Schlußkommentar Arnims bestätigt die Hilflosigkeit gegenüber der Modernität des Werkes.

Kleist hingegen wollte Caspar David Friedrich nach der Ramdohrfehde rehabilitieren und wenigstens einen positiven Artikel für die *Berliner Abendblätter* retten. Deshalb verteidigt Kleist mit seinen Korrekturen und seiner eigenständigen Fortsetzung uneingeschränkt das Bild. In genauerer Kenntnis um die Ursprungsbestimmung des *Tetschener Altars* filtert er aus dem Brentanoaufsatz die Essenz, die religiöse Allegorie. Er schwächt die vorgefundenen Formulierungen ab, übernimmt das Scheitern als Altarbild und erweitert die Bildauffassung um ein alternatives Allegorieangebot. Kleist setzt dem - durch Ramdohrs Angriff vorgegebenen - Vorschlag Brentanos literarisch pointiert eine politisch-allegorische Wahrnehmung, den Regulus-Mythos, entgegen. So gelesen ist die Phrase der abgeschnittenen Augenlider keine genuine Erfindung Kleists, sondern steht wie ein Schlagwort für ein Ereignis und eine Geisteshaltung. Sowohl der Bibel- als auch der Regulusverweis berücksichtigen das Leserverständis. Weder Kleist und erst recht nicht Brentano und Arnim, mit ihrer humorvollen Satire, legen es darauf an, den Rezipienten intellektuell zu überfordern. (Als jüngeres politisches Beispiels dazu sei an die zwei einstürzenden Türme vom 11.9. erinnert. Nur die Erwähnung der Türme oder des Datums reichen als Anstoß aus, das Ereignis kognitiv/emotional abzurufen.)

Die im damaligen Allgemeinwissen verankerte Kenntnis des heute verschollenen Regulus-Mythos läßt sich auch daran erkennen, daß Heinrich Heine noch 1827 in dem Reisebericht *Die Bäder von Lucca* Regulus[247] erwähnt und William Turner zwischen 1828 und 1837 an einem Gemälde mit dem Titel *Regulus*[248] arbeitet.

Der Vergleich zwischen den verschiedenen Rezensionen hat Brentano als einen in seiner Haltung dem Gemälde gegenüber ambivalenten Kritiker gezeigt, der sich weder zu einer positiven, noch zu einer negativen Besprechung durchgerungen, sondern statt dessen ausgewichen und das Publikum aufs Korn genommen hat. Hingegen hat sich die Kritik Kleists, in aller Kürze, als eine Lobeshymne erwiesen. Der Gedankenreichtum und die tiefen Empfindungen, die das Bild gleichzeitig auslösen, machen den Künstlerkollegen Friedrich zu einem Vorbild für den Dichter Kleist.

Die erste Begründung Kleists für die Verkürzung der Kritik, in dem Brief vom 14. Oktober, kann nur begrenzt nachvollzogen werden. Dazu stellt die Kunstausstellung, besonders durch die Portraits der Königin, ein zu überragendes Ereignis in der Stadt dar. Ihr Tod ist noch zu frisch im Gedächtnis, so daß ihre bildliche Darstellung ein Anziehungspunkt ist, von dem die ganze Ausstellung profitiert. Die Hinweise in der gestrichenen Einleitung der Handschrift Brentanos und in der veröffentlichten *Erklärung* verdeutlichen die eigentliche Differenz. Im Gegensatz zu Brentano spricht Kleist ein bestimmtes Urteil aus, dessen Geist dem Gemälde eindeutig positiv gegenübertritt. Für dieses Bekenntnis übernimmt Kleist die Verantwortung. Dem Dichter ist die Verteidigung des Malers wichtiger, als ihn durch eine ausführliche und amüsante Satire wieder in den Fokus der Öffentlichkeit zu rücken. Dafür stellt er in seiner Zeitung keinen Raum zur Verfügung. Der Ärger Brentanos über die Ignoranz seines dramatisch abgefaßten Pointenfeuerwerks läßt sich nachvollziehen.

Darüber hinaus beeinflußt dieser Streit die Medienagenda der *Berliner Abendblätter*. Das Berliner Publikum reagierte auf die Kunstausstellung im September sehr zahlreich und lebhaft. Kleist greift diese positive Resonanz auf. Zwei Wochen nach der Eröffnung der Ausstellung und mit Beginn der zweiten Erscheinungswoche der *Berliner Abendblätter* bedient er die Publikumsagenda durch eine ausführliche Rezension der Portraitmalerei. Die Ankündigung Kleists, den Maler Kügelgen im Feld der historischen Malerei zu würdigen, bestätigt einerseits ein Medienkonzept und andererseits die aktuelle Reaktion auf das Publikumsinteresse. Das Verschwinden des

---

[247] Heine, Heinrich: Die Bäder von Lucca. Stuttgart 1998, S. 44.
[248] Benesch, Evelyn: Historie als Vorwand. Zum Verhältnis von Historie und Landschaft im Werk William Turners. In: Joseph Mallord Turner. Hg. David B. Brown und Klaus Albrecht Schröder. München, New York 1997, S. 58.

Themas *Kunstausstellung* aus der Medienagenda der *Berliner Abendblätter* erfolgt nach dem Streit um die Friedrich Rezension. Die Ursache läßt sich festmachen, die Auswirkungen auf die Öffentlichkeit hingegen bleiben unbekannt.

Bislang hatte die Forschung keine mikrologisch-direkte Verknüpfung zwischen den Vorwürfen Ramdohrs und den Aufsätzen von Brentano und Kleist hergestellt. Deshalb war der Nachweis der allegorischen Lesart selbstständig und ohne Rückendeckung von anderen Wissenschaftlern zu erbringen. Die Quantität der empirischen Nachweise erfolgte unter dem Beweisdruck, die Thesen qualitativ abzusichern und zu bestätigen. Gleichwohl haben die Erläuterungen zu den Anspruch- und Abbruch-Textstellen, den Abweichungen in der Handschrift und der Funktion und Bedeutung des Rahmens immer wieder Friedmar Apels Bemerkung „im Gestrüpp dieser Materie hat sich schon so mancher Interpret verheddert"[249] mahnend auftauchen lassen.

Ob sich noch weitere Zusammenhänge zwischen den Bildern auf der Kunstausstellung und Aufsätzen in den *Berliner Abendblätter* erschließen, z.B. zwischen der Erzählung Kleists vom 15. November *Die heilige Cäcilie oder die Gewalt der Musik. Eine Legende*[250] und einer Skizze in Öl *Die heilige Cecilia*[251] und einer Kopie der heiligen Cecilia nach Dominichino[252], bleibt offen.

---

[249] Apel, Friedmar: „... Nur ich allein ging leer aus," S. 125.
[250] H.v.Kleist: Brandenburger Ausgabe. II/7 B. A. I, S. 203 Im Untertitel ist vermerkt „(Zum Taufangebinde für Cäcilie M....)" Gemeint ist die Tochter von Adam Müller.
[251] Die Kataloge der Berliner Akademie-Ausstellungen 1786-1850, Bd. 1, S. 30 „Von dem verstorbenen Herrn Johann Carl Andreas Ludewig."
[252] Ebd., S. 22. Unter der Rubrik „Dilettanten" von Mlle. Dake „in Pastell" gemalt.

Literaturverzeichnis

Primärliteratur

Allgemeine Encyklopädie der Wissenschaft und Künste. Dritte Section. Zehnter Theil. Leipzig 1838.

Berliner Abendblätter. H. v. Kleist. Sämtliche Werke. Brandenburger Ausgabe. Hg. Roland Reuß und Peter Staengle. Stromfeld/ Roter Stern. Band II/7. Berliner Abendblätter I.

Brandenburger Kleist-Blätter 11. Frankfurt/Main 1997.

Brentano, Clemens: Sämtliche Werke und Briefe, Bd. 32, Hg.: Jürgen Behrens, Konrad Feilchenfeldt u.a.. Stuttgart 1996.

Cicero, Marcus Tullius: Sämtliche Reden. Düsseldorf, Zürich 2000.

Clemens Brentano: Werke. Hg.: Friedhelm Kemp. Bd. 2. München 1963.

Clemens Brentano und Philipp Otto Runge: Briefwechsel. Hg. von Konrad Feichenfeldt. Frankfurt/Main 1974.

Die Kataloge der Berliner Akademie-Ausstellungen 1786-1850, bearbeitet von Helmut Börsch-Supan. Bd. 1. Berlin 1971.

Die kleine Bibel. Natorp, B.C.L.. Zweyter Theil. Essen 1802.

Die neutestamentliche Bibel oder die heiligen Urkunden der Christenreligion. Preifs, Christian Friedrich. Erster Band. Stettin, Leipzig 1811.

Gesammelten Schriften Brentanos. Hg.: Christian Brentano. Bd. IV. Frankfurt/Main 1852.

Heinrich von Kleist. Erzählungen, Anekdoten, Gedichte, Schriften. Deutscher Klassiker Verlag. Bd.3. Frankfurt 1990.

Heinrich von Kleist. Sämtliche Werke und Briefe in vier Bänden. Bd. 4. Hg. v. Helmut Sembdner. 6. Auflage. München, Wien 1982.

Heinrich von Kleists Lebensspuren. Dokumente und Berichte der Zeitgenossen. Erweiterte Neuausgabe. Hg.: Helmut Sembdner. Dokumente zu Kleist. Bd. 1. Frankfurt/Main1992.

Journal des Luxus und der Moden Nr.4. Hg. C. Bertuch. Weimar 1809.

Kosegarten, Ludwig Theobul: Dr. Goldsmith`s Geschichte der Römer von der Erbauung der Stadt Rom bis auf den Untergang des abendländischen Kaiserthums. Aus dem Englischen nach der sechsten Ausgabe neu übersetzt und mit einer Geschichte des Oströmischen Kaiserthums ergänzt von Ludwig Theobul Kosegarten, der Vernunftweisheit Doctor, der Stadtschule zu Wolgast. Leipzig 1792.

Kügelgen, Marie Helene v.: Ein Lebensbild in Briefen. Stuttgart 1904.

Phoebus. Ein Journal für die Kunst. Dresden 1808. München 1924.

Schul=Bibel oder die Heilige Schrift Alten und neuen Testaments für Lehrer und Kinder in Bürger=und Landschulen. Zerrenner, Heinrich Gottlieb. Halle 1805.

Zedler, Johann Heinrich. Großes vollständiges Universal Lexikon Aller Wissenschaft und Künste. Leipzig, Halle 1741.

Zeitung für die elegante Welt. Hg. Mahlmann. Leipzig 1809.

Sekundärliteratur

Apel, Friedmar: „...Nur ich allein ging leer aus". Kleist und die religiös-patriotische Kunstkonzeption. In: Kleist Jahrbuch 1993. Hg. von Hans Joachim Kreutzer. Stuttgart 1993.

Apel, Friedmar: Himmelssehnsucht. Die Sichtbarkeit der Engel. Frankfurt/Main 2001.

Aretz, Heinrich: „Heinrich von Kleist als Journalist. Untersuchungen zum ´Phoebus`, zur ´Germania` und den ´Berliner Abendblättern`. Stuttgart 1983.

Begemann, Christian: Brentano und Kleist vor Friedrichs *Mönch am Meer*. Aspekte eines Umbruchs in der Geschichte der Wahrnehmung. In: Deutsche Vierteljahrsschrift für Literaturwissenschaft und Geistesgeschichte. Hg. v. Richard Brinkmann. Stuttgart 1990 (LXIV. Band).

Benesch, Evelyn: Historie als Vorwand. Zum Verhältnis von Historie und Landschaft im Werk William Turners. In: Joseph Mallord Turner. Hg. V. Brown, David B. und Schröder, Klaus Albrecht. München, NewYork 1997.

Börsch-Supan: Dresden 1803-1809. Bildende Kunst zwischen Alter und Jugend. In: Kleist Jahrbuch 1990. Hg. v. Joachim Kreutzer. Stuttgart 1991.

Börsch-Supan, Helmut: Berlin 1810. Bildende Kunst. Aufbruch unter dem Druck der Zeit. In: Kleist Jahrbuch 1987. Hg. v. Hans Joachim Kreutzer. Berlin 1987.

Börsch-Supan, Helmut. Jähning, Karl Wilhem: Caspar David Friedrich. Gemälde, Druckgraphik und bildmäßige Zeichnungen. München 1973.

Brors, Claudia. Anspruch und Abbruch. Untersuchungen zu Heinrich von Kleists Ästhetik des Rätselhaften. Würzburg 2002.

Burwick, Roswitha: Verschiedene Empfindungen vor Friedrichs Seelandschaft: Arnim, Brentano, Kleist. In: Zeitschrift für deutsche Philologie. Hg. Werner Besch, Hugo Moser u.a. Bd. 107. Berlin 1988.

Busch, Werner: Caspar David Friedrich. Ästhetik und Religion. München 2003.

Eimer, Gerhard: Zur Dialektik des Glaubens bei Caspar David Friedrich. Frankfurter Fundamente der Kunstgeschichte. Bd. 1. Frankfurt/Main 1982.

Frank, Hilmar: Der Ramdohrstreit. Caspar David Friedrichs „Kreuz im Gebirge". In: Streit um Bilder. Von Byzanz bis Duchamp. Hg.: Karl Möseneder. Berlin, 1997.

Friedrich, Caspar David: Caspar David Friedrich in Briefen und Bekenntnissen. Hg. von Sigrid Hinz. München 1968.

Fröhlich, Uwe: Regulus, Archetyp römischer Fides. Das sechste Buch als Schlüssel zu den Punica des Silius Italicus. Bd. 6. Tübingen 2000.

Gärtner, Hannelore: Stellung und Bedeutung Caspar David Friedrichs in der deutschen Romantik. Festrede zu Ehren Casper David Friedrichs anläßlich der 200. Wiederkehr seines Geburtstages. In: Wissenschaftliche Zeitschrift der Ernst-Moritz Arndt-Universität Greifswald. Sonderband. Rostock, Greifswald 1974.

Gerlach, Kurt: Heinrich von Kleist – Sein Leben und Schaffen in neuer Sicht. Dortmund 1972.

Göncay, Gabrielle: Zur Kommunikations- und Redaktionsstrategie der „Berliner Abendblätter". In: Internationale Konferenz „Heinrich von Kleist2 für Studentinnen und Studenten, Für Nachwuchswissenschaftlerinnen und Nachwuchswissenschaftler. V. Frankfurter Kleist-Kolloqium 22.-23. Juli 2000. Hg. Peter Ensberg und Hans Jochen Marquardt. Stuttgart 2003.

Grathoff, Dirk: Die Zensurkonflikte der „Berliner Abendblätter". Zur Beziehung von Journalismus und Öffentlichkeit bei Heinrich von Kleist. In: Ideologiekritische Studien zur Literatur. Essays I. Hg. Volkmar Sander. Frankfurt 1972.

Greiner, Bernhard: Kleists Dramen und Erzählungen. Experimente zum „Fall" der Kunst. Tübingen 2000.

Heine, Heinrich: Die Bäder von Lucca. Stuttgart 1998.

Hofmann, Werner: Caspar David Friedrich. Natürlichkeit und Kunstwahrheit. München 2000.

Jensen, Jens Christian: Caspar David Friedrich. Leben und Werk. Köln 1999.

Kurz, Gerhard: Vor Einem Bild. Zu Clemens Brentanos „Verschiedene Empfindungen vor einer Seelandschaft von Friedrich, worauf ein Kapuziner." In: Jahrbuch des Freien Hochstifts. Tübingen1988.

Le Bries, Michael: Die Romantik in Wort und Bild. Stuttgart 1981.

Maas, Joachim: Kleist. Die Geschichte Seines Lebens. Bern, München 1977.

Petra Maisak/ Hartwig Schulz: Verschiedene Empfindungen bei einem Berliner Ausstellungsbesuch. Ungedruckte Texte aus dem Nachlaß Clemens Brentanos. In: Jahrbuch des Freien Deutschen Hochstifts. Hg.: Christoph Perels. Tübingen 1991.

Marquardt, Jochen: Der mündige Zeitungsleser – Anmerkungen zur Kommunikationsstrategie der „Berliner Abendblätter". In: Beiträge zur Kleist-Forschung. Hg. Wolfgang Barthel und Rudolf Loch. Kleist-Gedenk-Und-Forschungsstätte 1986.

Müller, Gernot: Man müsste auf dem Gemälde selbst stehen. Kleist und die bildende Kunst. Tübingen, Basel 1995.

Peters, Sibylle: Heinrich von Kleist und der Gebrauch der Zeit. Von der Machart der Berliner Abendblätter. Würzburg 2003.

Pfotenhauer, Helmut: KLEISTS REDE ÜBER BILDER UND IN BILDERN. Briefe, Bildkommentare, erste literarische Werke. In Kleist Jahrbuch 1997. Hg. v. Sabine Doering. Stuttgart, Weimar 1997.

Roters, Eberhard: Malerei des 19. Jahrhunderts: Themen und Motive. Bd. 1. Köln 1998.

Rudzilova, Evelin: Caspar David Friedrich und Wahrnehmung von der Rückenfigur zum Landschaftsbild. Münster 1998.

Schmied, Wieland: Caspar David Friedrich. Köln 2002.

Schultz, Hartwig: Schwarzer Schmetterling. Zwanzig Kapitel aus dem Leben des romantischen Dichters Clemens Brentano. Berlin 2000.

Schultz, Hartwig: „Empfindungen vor Friedrichs Seelandschaft". Kritische Edition der Texte von Achim von Arnim, Clemens Brentano und Heinrich von Kleist im Paralleldruck. In: Empfindungen vor Friedrichs Seelandschaft. Caspar David Friedrichs Gemälde „Der Mönch am Meer" betrachtet von Clemens Brentano, Achim von Arnim und Heinrich von Kleist. Frankfurt/Oder. Kleist-Museum 2004.

Schulz, Siegfried: Heinrich von Kleist als politischer Publizist. Frankfurt 1989.

Sembdner, Helmut: Die Berliner Abendblätter Heinrich von Kleists, ihre Quellen und ihre Redaktion. Inaugural=Dissertation. Berlin 1939.

Steig, Reinhold: Achim von Arnim und Jacob und Wilhelm Grimm. Stuttgart 1904.

Steig, Reinhold: Heinrich v. Kleists Berliner Kämpfe. Berlin, Stuttgart 1901.

Steig, Reinhold: Neue Kunde zu Heinrich von Kleist. Berlin 1969 (reprint).

Traeger, Jörg: „„...als ob einem die Augenlider weggeschnitten wären." Bildtheoretische Betrachtungen zu einer Metapher von Kleist. In Kleist Jahrbuch 1980. Hg. v. Hans Joachim Kreutzer. Berlin 1982.

Unverfehrt, Gerd: Caspar David Friedrich. München 1984.

Weiss, Hermann F.: Funde und Studien zu Heinrich von Kleist. Tübingen 1984.

Wirth, Michael: Heinrich von Kleist, die Abkehr vom Ursprung: Studien zu einer Poetik der verweigerten Kausalität. Bern 1992.

Zeeb, Ekkehard: Die Unlesbarkeit der Welt und die Lesbarkeit der Texte. Ausschreitungen des Rahmens der Literatur in den Schriften Heinrich von Kleists. Würzburg 1995.

Literatur von E. R. Mix zu Regulus

Mix, E. R.: Marcus Atilius Regulus: Exemplum Historicum, Diss. University of Pittsburgh: The Hague/Paris 1970 (Studies in Classical Literature 10).

Jean (Jehan?) de Beaubrueil, La tragédie d`Attilie (ou Attilius Regulus) dressée sur un faict (sic) des plus notables qu`on puisse trouver en toute l`histoire romaine. Limoges 1582.

Jacques Pradon, Régulus. Tragédie, zuerst – zusammen mit fünf anderen (älteren) Stücken, aber mit eigenem (datierten) Titelblatt und eigener Paginierung – in der Sammlung Œuvres, Paris 1688, wiederholt in: Les Œuvres de M`pradon II, nouvelle éd. (corr.& augm.). Paris 1744.

John Crowne, Regulus: a tragedy, London 1692 (Mix) oder 1694 (vgl. NUC 128, p.272, NC 0810759), wiederholt in: The Dramatic Works of J. Crowne, „with prefatory memoir and notes" herausgegeben von J. Maidment und W.H. Logan, Bd. 4. Edinburgh 1874.

M. Attilio Regolo. Drama per musica da rappresentarsi.....nel carnevale dell`anno 1719. Roma 1719.

Pietro Antonio Buonaventura Metastasio, Attilio Regolo, erstveröffentlicht 1740, wiederholt in: Melodrammi (Didone abbandonato –Attilio Regolo), introduzione e commento di C. Bernardi. Torino 1920 (Collezione di classici italiani 43).

William Havard, Regulus, A Tragédy. London 1744.

Tragedia: Atilio Regulo. En dos actos… Barcelona (ca. 1760).

Claude Joseph Dorat, Régulus. Tragédie en trois actes et en vers. Paris 1765. (NUC 147, p.141, ND 0337605),nouvelle édition Paris 1766 (NUC 147, p. 141, ND 0337606), am 31. Juli 1773 erstaufgeführt „par les comédiens françois."

Frederick Augustus Prinz von Brunswick – Oels (als Übersetzter C.J. Dorats?), Regulus. Ein Trauerspiel in drei Aufzügen und in Prosa. Potsdam 1767.

Hannah More, The inflexible Captive, A Tragedy. Bristol 1774.

Heinrich Joseph von Collin, Regulus. Eine Tragödie in fünf Aufzügen. Berlin 1802/ Frankfurt 1802/ Wien 1802.

Lucien Émile Arnault, Régulus, tragédie en trois actes, représentée pour la premiére fois sur le premier Théâtre francais, le 5 juin 1822. Paris 1822.

Jacob Jones, Regulus, the noblest Roman of them all, Tragödie in fünf Akten. London 1841.

David Burn, Regulus. A Tragedy, in: Plays and Fugitive Pieces I. Hobart Town 1842.